¿Quién tiene mi dinero?

Veinte nuevas lecciones para el vendedor profesional

Manuel Quiñones Ph.D.

¿Quién tiene mi dinero?
Veinte nuevas lecciones para el vendedor profesional
©Manuel Quiñones Vejarano, 2019

Diseño de Portada: Manuel Quiñones Vejarano
Diagramación: Manuel Quiñones Vejarano
info@quinonesgroupsa.com

Primera Edición
Bogotá – Colombia, 2019

Edición especial para amazon.com

Reservados todos los derechos. No se permite la reproducción total o parcial de esta obra, ni su incorporación a un sistema informático, ni su transmisión en cualquier forma o por cualquier medio (electrónico, mecánico, fotocopia, grabación u otros) sin autorización previa y por escrito de los titulares del copyright. La infracción de dichos derechos puede constituir un delito contra la propiedad intelectual.

www.manuelquiñones.com

¿Quién tiene mi dinero?

Cómo atraer, aumentar y cerrar más ventas, con las técnicas, estrategias y secretos de ventas y neuroventas, de los vendedores profesionales y emprendedores con éxito.

manuelquiñones.com

Manuel Quiñones Ph.D.

manuelquiñones.com

Índice

¿Este libro es para usted?	11
Introducción	13
Lección 1. Cree un diálogo con su cliente	15
Lección 2. Siempre esté preparado	24
Lección 3. Agudice sus habilidades más críticas	33
Lección 4. Abra la venta enfocándose hacia su cliente	43
Lección 5. Relacionándose con su cliente	57
Lección 6. Posicione sus preguntas	67
Lección 7. Desarrolle una estrategia de preguntas	77
Lección 8. Piense en las preguntas	81
Lección 9. Desarrolle un diálogo de necesidades en profundidad	93
Lección 10. Enfóquese en qué tan hábilmente hace usted las preguntas	99
Lección 11. Escuche eficazmente	115
Lección 12. Posicione su mensaje	119
Lección 13. Analice su competencia	127
Lección 14. Utilice las objeciones para avanzar	133
Lección 15. Retroaliméntese con su cliente	139
Lección 16. Nunca se apresure a negociar	145
Lección 17. Maneje el cierre como un proceso	155
Lección 18. Utilice todos los recursos	165
Lección 19. Realice un seguimiento impecable	179
Lección 20. Verifique sus oportunidades	185
Comentarios y recomendaciones finales	189
Referencias	198

To Margarita

A mis clientes y vendedores
que me enseñaron lo que sé y llegaré a saber.

"Si eres uno más, serás uno menos".

Manuel Quiñones Ph. D.

"Los clientes de hoy no compran lo que uno o
su producto o servicio hace,
compran el por qué lo haces, es decir,
en lo que crees".

Manuel Quiñones Ph. D.

¿Este libro es para usted?

Vender es cambiar la realidad de nuestros clientes a través de las emociones. Es escuchar y responder inteligentemente. Nadie sabe la verdad absoluta sobre algo. Lo que sí sabemos y de lo que hablamos es de nuestra propia historia. Nuestras historias cuentan qué usamos, cómo lo usamos y a veces por qué lo usamos. Los clientes de hoy no compran lo que uno o su producto o servicio hace, compran el por qué lo hace, es decir, en lo que usted cree.

Para ser vendedor profesional se necesita más que conocimiento; se requiere la capacidad de generar emociones profundas en nuestros clientes. Para poder conectar con ellos debemos ser enormemente emocionales en nuestra comunicación ya que la razón lo lleva a elaborar conclusiones; la emoción lo lleva a la acción. Si no hay emoción, la razón se activa y no hay compra. He comprobado que el cliente recuerda más, lo que le hizo sentir, que lo que usted le dijo.

Y aunque las editoriales del mundo siguen mostrando, en sus estadísticas, una tendencia un tanto negativa en cuanto a los hábitos de lectura, entonces, ¿por qué decidí escribir este nuevo libro?

La respuesta es sencilla: estoy completamente seguro de que las ventas son un estilo de vida. Las estadísticas demuestran que compartimos una mala experiencia con aproximadamente veinte personas, y sólo a cinco personas las hacemos partícipes de una experiencia positiva.

Increíble, pero es nuestro día tras día. Las ventas son

el motor de lo que hoy conocemos como economía. Cualquiera sea nuestra actividad o profesión, todos somos vendedores. Niños y adultos estamos vendiendo a toda hora, momento y lugar, y nunca somos conscientes de ello.

Sin embargo, permanentemente nos encontramos con personas que le huyen al tema; les mencionan ventas y reflejan una mala expresión en su rostro. Pero no saben que están haciendo una venta también: venderse ellos mismos.

El objetivo de este libro es ayudarles a usted y a su organización a vender en este nuevo milenio. Y la obra es el producto de la recopilación de mi experiencia de muchos años en el campo de las ventas y la experiencia de cientos de excelentes vendedores que a mi lado han logrado niveles nunca antes soñados.

Para mí es un honor y una excelente oportunidad poder compartir con usted la experiencia adquirida en Colombia y en los diferentes países que he podido recorrer y trabajar, y en las diversas culturas que he contactado.

Bienvenidos a la experiencia que va a cambiar la forma en que usted ve las ventas y... ¡nos vemos más allá de la cima!

Manuel Quiñones V.

Introducción

Los mejores vendedores de hoy saben que los productos y servicios no se venden solamente por la información que el vendedor tenga acerca de éstos. Saben que el verdadero experto es el cliente. Esta es una frase muy poderosa que nos ayuda a entender los grandes errores que a menudo cometen las organizaciones de hoy, y que he criticado no sólo en nuestro país sino en otras partes del mundo, los cuales se han convertido en un problema de nunca acabar. Sin embargo, las empresas invierten millones en capacitaciones y los resultados en ventas no mejoran. ¿Por qué? La respuesta es sencilla y muy clara: las empresas están orientadas hacia el producto o servicio y nunca hacia el cliente.

Lo he vivido desde que comencé mi carrera en ventas; no podía creerlo después de muchos años como vendedor. Yo cometí el mismo error pensando que la capacitación era lo más importante. Si bien es muy importante el conocimiento que tengamos acerca de lo que estamos ofreciendo, eso representa en el momento de la venta un 5% dentro de todo el proceso con nuestro cliente.

Sí, sólo un 5%. Piense en lo siguiente: "¿Mi desempeño es similar a este porcentaje dentro de mi organización?". Si es así, o se acerca, continúe preguntándose: "¿Existe una forma de incrementar mis niveles de ventas y no es a través de un mayor conocimiento de mi producto o servicio?". La respuesta es un rotundo ¡Sí! ¡Por supuesto!. Para ser vendedor profesional se necesita más que conocimiento; se requiere la capacidad de generar emociones profundas en nuestros clientes. Y el saber generar las emociones correctas para provocar la respuesta que usted desea es el otro 95%. Para poder conectar con nuestros clientes debemos ser enormemente emocionales en nuestra comunicación debido a que la razón lo lleva a elaborar conclusiones; la emoción lleva al cliente a la acción. Si no hay emoción, la razón se activa y no hay compra. He comprobado que el cliente recuerda más, lo que le hizo sentir, que lo que usted le dijo.

Los expertos en ventas generan grandes emociones, nunca venden. Piense en esto.

Cuanto más profundo el diálogo, mayores los resultados. Y es que no se trata sólo de cerrar la venta. ¿Alguna vez ha pensado en que un vendedor también debe abrir las ventas? Nadie lo hace y como no existe un comienzo tampoco existe un final. Y he aquí el porqué de los resultados de nuestros colegas.

Lección 1

Cree un diálogo con su cliente

Entrevista comercial versus visita de ventas

El primer paso para convertirse en un profesional en el campo de las ventas es entender que usted no es como quien se hace llamar un vendedor, el cual sale a realizar una visita de ventas; usted, como un profesional en el campo de las ventas, sale a una entrevista comercial. Usted no sale a visitar, sale a abrir y cerrar una venta o un negocio. Usted sabe que no va a realizar una charla, va a abrir y cerrar un diálogo, no un monólogo. Con esto me encuentro en decenas de empresas con las que tengo contacto día tras día, sea la situación que fuere.

Recuerde siempre que sólo hay una primera vez para causar una buena impresión. Así de delicado debe tomar este asunto. La entrevista comercial empieza y termina con un intercambio de información acerca de las necesidades del cliente, no con las necesidades que cree que él tiene. Por eso, lo mejor, antes de comenzar su entrevista comercial, es afinar sus sentidos, y esto puede parecerle absurdo, pero quienes han tenido la oportunidad de trabajar a mi lado saben la importancia de los verbos *escuchar*, *observar*, *apreciar*, *degustar*, *olfatear*, entre otros, los cuales son acciones que a la hora de vender pueden significar la diferencia entre una venta y una visita. Aprender a *escuchar* puede tomarle toda su vida, lo mismo que *observar*, pero si toma estas palabras con seriedad puede estar realizando cambios muy importantes en su forma de vender. Recuerde siempre que *vender* es un verbo, una acción orientada hacia un fin y un objetivo específicos que debe tomarse como tal.

Usted podría decir en este momento: "Pero si yo hago esto todo el tiempo". La forma en que usted se adapte a los cambios que ocurren a su alrededor le ayudará a entender que no es así y a generar un verdadero intercambio valioso de información entre usted y las necesidades de su cliente. Mantenga sus sentidos bien afinados y logrará entender los cambios que ocurren en sus clientes, sus competidores, su mercado y su propia organización.

La mayoría de los vendedores de hoy continúan desarrollando un modelo que lleva décadas en nuestras sociedades y que pareciera nunca va a cambiar o desaparecer. Incluso los vendedores de hoy que manejan de cierta manera la venta consultiva enfocada en características y beneficios, lo hacen de forma muy apresurada creyendo haber encontrado la necesidad del cliente y creyendo haber dado solución inmediata a un problema que parecía imposible de resolver. Insisto, cuanto más profundo el diálogo con su cliente, no el monólogo, mejor los resultados.

Pregúntese si al realizar una venta está realmente

seguro de que la necesidad que identificó es la correcta y si está en el mismo punto de vista del cliente. Siempre genere un diálogo en el que comprenda a fondo el porqué, el cuándo, el dónde y el cómo de la necesidad del cliente.

Aunque muchos de nuestros colegas en ventas están en esta profesión porque no había otra cosa que hacer sino vender, quiero que comprenda que la actividad en ventas es la más completa y compleja que existe dentro de las relaciones humanas. Esto no es un arte, es una ciencia que merece estudiarse a fondo, así como las necesidades de nuestros clientes, quienes hacen que el mundo entero funcione[1].

Gracias a ellos este libro llega a sus manos; por ellos, nuestras familias se sostienen; gracias a ellos, las empresas existen; por ellos, nuestro mundo funciona, porque las empresas están formadas por personas no por máquinas y aun hoy en países tan avanzados tecnológicamente como Japón, siguen negociando y seguirán negociando con personas, no con máquinas.

Al comprender esto estamos listos para entender lo importante que es un cliente, sea del tipo que fuere, positivo, curioso o negativo y lo que en sus manos se encuentra a la hora de una entrevista comercial.

Vender, en la actualidad, es más demandante y retador. Demasiadas organizaciones fracasan hoy día no por sus productos o servicios, sino por la forma en que sus vendedores practican esta ciencia en que la entrevista comercial hace que se conviertan, para sus clientes, en verdaderos consultores, no en vendedores. Un consultor es aquel que asesora correctamente a su cliente, es quien

---

[1] En mi libro Neuroventas, primera y segunda edición, expongo de manera sencilla pero enriquecida el aporte de las neurociencias a las ventas.

hace realmente un balance perfecto en su diálogo, no en su monólogo, en un 50/50.

En conclusión, la primera lección para usted es: revise su entrevista comercial. Mida su porcentaje dar/recibir información con su cliente. Esto le ayudará a entender el porqué de sus resultados comerciales.

La mayoría de los vendedores creen entender e identificar correctamente las necesidades de sus clientes; creen estar posicionando soluciones, no productos; creen que están orientados hacia el cliente; pero no entienden que esos son sus mayores obstáculos a la hora de vender y que los mantienen alejados de los cambios que a su alrededor suceden.

Me preguntará usted en este momento, bueno y si creen estarlo haciendo bien, ¿cómo explica las ventas que a diario ocurren en todo el mundo? Allí está la respuesta: cómo serán de poderosas las ventas que a diario, a pesar del atropello contra el cliente, la falta de escucha de nuestros vendedores, la pésima asesoría al momento de tomar una decisión reciben nuestros clientes, ellos compran nuestros productos y servicios también todos los días. La mayoría de las veces, nuestros clientes no tienen otra opción y por ello se ven obligados a comprar nuestros bienes y servicios, pero sólo hasta cuando nuestros clientes encuentran otra opción (*léase* alguien que los escucha) y dejan de frecuentar nuestros vendedores, nuestras empresas, nuestros productos y servicios.

La mayoría de las veces, el cliente prefiere arriesgar en calidad pero no en servicio (experiencia durante la compra), y si entendemos esto podremos comprender por qué muchas de las empresas de hoy que producen excelentes productos y servicios están al borde de la bancarrota. Recuerde lo que anoté: "Escuchar, observar, apreciar, degustar, olfatear (...)" puede tomarnos toda la vida aprenderlo. Pero nuestros clientes no se guían por lo que un producto o servicio es, *se orientan por lo que un producto o servicio parece*. Y ésta es otra frase muy poderosa en términos de ventas: no es lo que es, sino lo que parece.

Mis palabras pueden estar destruyendo todas sus creencias respecto a ventas, pero créame que al adaptarse rápidamente a estos cambios pueden hacer de usted un vendedor profesional. Recuerde la frase del segundo párrafo de este libro: "(...) compartimos una mala experiencia con aproximadamente veinte personas, y sólo a cinco personas las hacemos partícipes de una experiencia positiva". ¿Qué significa esto? Que nuestros clientes muy rara vez nos dirán qué estamos haciendo mal y si lo hacen, nuestra tendencia natural es a afirmar: "¿Y él qué puede saber?". Y allí está el error, colocamos buzones de sugerencias, redes sociales o páginas de empresa a los que nunca ponemos atención, hacemos estudios de medición en calidad y servicio como llenando hojas y páginas para archivar, pero ¿qué tanto nuestros vendedores son informados de esto? Es más: ¿qué tanto escuchan nuestras organizaciones a sus propios vendedores? Ellos también son sus clientes. Piense en eso.

Muchos vendedores son carismáticos y confían simplemente en sus habilidades y su encanto. Otros son técnicos especializados a los que contradecirles puede resultar en una verdadera discusión, menos en una venta. Están demasiado enfocados en la información del producto pero nunca enfocados hacia los clientes. Recuerde que la mayoría de las organizaciones, hoy día, aunque usted no lo crea, continúan orientadas hacia el producto o servicio pero nunca hacia el cliente. A veces parecen pirañas tratando de cerrar la "venta", siempre arriesgando perder toda relación con su cliente.

Y es que aquella frase "un cliente trae otro cliente" es una ley en las ventas. De hecho, he tenido la oportunidad de trabajar con empresas en Asia, donde dentro de las instalaciones se encuentran repetidamente con avisos que dicen: "Nuestra organización existe gracias a usted". Recuerde que se trata es de hacer negocios con las personas que creen en lo que uno cree; por eso buscar nuevos clientes es un proceso posterior.

Increíble, la venta que la empresa está realizando dentro de ella misma con sus clientes más importantes: sus clientes internos. Y casi nunca, las organizaciones, a pesar de invertir millones en departamentos mal llamados de talento humano o recursos humanos, logran el bienestar o satisfacción de aquéllos. ¿Por qué? La respuesta siempre es la misma: no escuchan, no hay diálogo con sus clientes más importantes. Vuelve el monólogo.

Creo que cada vez que recibo un mal servicio de una empresa, es el reflejo de una mala relación empresa/cliente interno. Las empresas, recordemos, no funcionan gracias a las máquinas o al capital en ellas invertido. Las empresas funcionan gracias a sus clientes internos, y dependiendo de la calidad de la venta que la empresa misma realiza dentro de ella, los clientes perciben un buen servicio o mal servicio.

Un cliente interno contento invita a que un cliente externo lo haga con mayor facilidad, porque nuevamente regreso a una frase de la introducción de este libro: "Los expertos en ventas comparten y generan emociones, nunca venden". ¿Es claro mi punto ahora? Si usted como vendedor está en un constante diálogo con su propia organización, para usted será más fácil compartir esta experiencia con alguien que usted no conoce.

Cuanto más profundo el diálogo, mejores los resultados. Se sorprenderá al descubrir que tal vez usted mismo como cliente interno no desea tener ningún contacto con su propia organización y créame que es su actitud la que genera una barrera muy grande al tratar de compartir su experiencia con alguien que usted no conoce. Por eso los resultados. Si usted no siente que su empresa lo escucha, será muy difícil que escuche a sus propios clientes. Tan simple como estoy describiéndolo es el proceso de ventas.

Para usted es determinante generar un excelente diálogo entre su organización y usted mismo antes de salir a la calle a vender, porque recuerde: "Un experto en ventas comparte y genera grandes emociones, nunca vende".

Los vendedores profesionales de hoy generan diálogos muy profundos con sus clientes. En mi caso, sólo hablo de mi producto o de mi servicio cuando estoy completamente seguro de que sea el momento indicado para hacerlo. ¿Pero cómo saberlo?

Al generar un diálogo como he venido describiéndolo y en el que estoy consciente de que es un aprendizaje que realizo acerca de la persona que generará en mí muchos negocios hacia el futuro, logro un balance muy positivo y equilibrado acerca de la información que mi cliente está poniendo en mis manos para que lo transforme en la solución a sus necesidades, y así saber que es el momento indicado para dar el siguiente paso.

La línea divisoria entre estar vendiendo y creer que está vendiendo es muy delgada. Es la diferencia entre ser un especialista técnico de mi producto o servicio y ser un consultor confiable para mi cliente. Con competidores tan similares y con productos prácticamente iguales como los de hoy día, el cliente sólo encontrará diferencias en sus vendedores y su equipo de ventas.

He aquí algunas sugerencias para crear un diálogo más profundo:

1. *Evalúe su entrevista.* ¿Efectúa usted una entrevista comercial o sigue realizando una visita de ventas? ¿Qué tan interactivo es el diálogo con su cliente? ¿Cómo es su porcentaje de entregar/recibir información de su cliente?

2. *Comprométase a hacer algo diferente.* ¡Realice más preguntas de sondeo! Abra la venta antes de cerrarla.

3. *No piense en términos de educar a su cliente.* Piense más en aprender de usted mismo por intermedio de sus clientes.

Y recuerde: incremente su diálogo para aumentar sus resultados en ventas.

Lección 2

Siempre esté preparado

Esta lección la he compartido con cientos de vendedores en el mundo y jamás la toman con la seriedad que hoy lo invito a que lo haga.

Antes de cualquier actividad que usted realice en ventas, prepárese. Sí, prepárese. ¿Qué significa esto? Antes de tomar el teléfono y pedir una entrevista comercial con su cliente, antes de salir a su entrevista comercial, antes de entrar en la oficina de su cliente, antes de mencionar la primera palabra con su cliente, antes de prospectar pregúntese: "¿Quién es mi cliente? ¿A qué se dedica? ¿Hace cuánto desarrolla la actividad que realiza? ¿Ha tenido una experiencia previa con mi organización? ¿Ha escuchado o sabe que yo o mi organización existen? ¿Qué tanto sabe de la organización a la que pertenece mi cliente? ¿Es padre de familia? ¿Tiene hijos? ¿Cuáles son sus gustos? ¿Cuál sería la mejor hora para entrevistarme con él o ella? ¿Cuál es el tiempo ideal para sostener una entrevista con él o ella?".

Estos son sólo ejemplos de las muchas preguntas,

que usted debe hacerse y responderse, antes de tener algún contacto directo con su cliente. Si usted no sabe con quién va a entrevistarse, créame que le va a ser muy difícil lograr un diálogo con su cliente.

Me preguntará usted: "¿Y dónde obtengo esa información si no he hablado aún con él o ella?".

Y le respondo de esta forma: cuando va a presentarse a una entrevista de trabajo, ¿investiga usted acerca de la empresa a la cual quiere pertenecer? ¿Se prepara antes de la entrevista? Quiero decir, ¿investiga usted antes de presentarse cuántos colaboradores tiene? ¿Cómo está el desempeño de esta empresa dentro del sector de la economía al cual pertenece? ¿Está usted dentro del perfil que está buscando la organización? ¿Tiene alguna relación esta empresa con su anterior actividad? Lo que quiero decirle es que, así como usted debe prepararse para una entrevista de trabajo debe hacerlo con su cliente potencial.

Hay muchas formas de averiguar la información de su cliente, pero depende de su habilidad y entusiasmo poder informarse al máximo acerca de su cliente, antes de tomar el teléfono y lograr la oportunidad de dialogar con él y de esa forma generar una entrevista.

Recuerde que no se trata de que la entrevista comercial se convierta en un interrogatorio. El modelo consultivo no es tomar a su cliente contra la pared y atacarlo con preguntas. El modelo consultivo consiste en generar un diálogo, aprender sobre su cliente, informarse e informar. Y recuerde: no es vender, es compartir. Se vende en tanto se comparte.

Los vendedores profesionales lo hacen de manera

diferente. Ellos siempre se preparan antes y después de cada entrevista comercial. Tener una estrategia acortará su tiempo de preparación e incrementará su impacto. Mientras se prepara revise los siguientes pasos:

1. *Comience con una preparación estratégica.* Siempre asegúrese de que sus objetivos sean medibles, realizables y tengan un marco de referencia en el tiempo; así usted puede mantener una evaluación correcta de los resultados de su entrevista y acelerar su cierre. Visualice la fluidez en su diálogo y construya en corto tiempo una excelente relación con su cliente. Piense en sus objetivos a largo plazo, en términos de relación con su cliente, y, entonces, establezca sus objetivos a corto plazo antes de realizar la primera llamada.

2. A continuación, *realice una evaluación acerca de su cliente.* Piense en los objetivos, situación, necesidades y toma de decisiones de su cliente.

3. Finalmente, y sólo finalmente, *enfóquese en su producto o servicio y su preparación acerca del mismo.* Prepare las preguntas que puede realizar su cliente, anticipe objeciones y personalice su material. Haga sentir a su cliente único, no uno más. Trate a su cliente como quisiera que lo trataran a usted.

La mayoría de los vendedores en el mundo, no sólo en nuestro país, entienden la preparación de forma equivocada. Como lo explicaba al principio de esta lección: buscan informarse lo más que pueden acerca de los productos o servicios que comercializan, y llegan, sin pensarlo, a convertirse en unos expertos en la materia, orientados siempre hacia el producto o el servicio, pero nunca hacia el cliente.

Incluso llegan a tratar de educar a nuestros clientes, cuando son nuestros vendedores quienes deben aprender acerca de ellos. O pregúntese usted mismo: "¿El mejor vendedor de mi compañía es el que más sabe acerca del producto o servicio?". ¡No!

No entienda mal mis palabras; es muy importante saber lo que usted está vendiendo, y aunque no lo crea, muchas organizaciones hoy día no dedican suficiente entrenamiento a sus vendedores, pero igualmente jamás los entrenan sobre estas importantes lecciones que está usted recibiendo a través de este libro. Este extremo de no saber ni conocer su producto o servicio le cuesta mucho dinero a usted y a su organización, pero el otro extremo es igualmente peligroso. En conclusión, esta preparación es muy importante, pero mucho más relevante es la preparación de la cual estoy hablándole.

Para ayudarle en su preparación, siempre manténgase actualizado sobre la actividad de la empresa para la que usted se desempeña, sus productos, los cambios en los mismos, su competencia (un tema que trataremos más adelante pero igualmente importante en su proceso de ventas), cómo está el sector económico dentro del cual se desempeña, qué cambios políticos pueden afectarle a usted y a su industria. Del mismo modo, revise los archivos de sus clientes, genere una lluvia de ideas con su equipo comercial, o simplemente implemente cualquier tipo de información que pueda ser relevante dentro de su actividad de ventas. En resumen, manténgase muy bien informado, prepare constantemente material para sus clientes, hágalos sentir únicos y especiales, siempre mantenga en su mente el enfoque hacia sus clientes no hacia su producto o servicio.

No podía creer cómo, en muchas de las organizaciones en las que me he desempeñado, recibí tan poca información acerca de los productos o servicios que debía vender. Logré ser exitoso gracias a la preparación que puse en cada uno de mis clientes y en la actualización que yo mismo a diario realizaba. En otro tipo de industria que me desempeñe, sobre todo en las empresas del sector financiero, siempre quieren crear expertos en materia económica y no entienden que eso no es lo que quieren los clientes. No escuchan, no es la información técnica la que hace la diferencia entre un asesor financiero u otro, es el enfoque que el vendedor coloque en su cliente no en el servicio o el producto, porque recuerde que las empresas están constituidas por personas, y usted hace negocios con personas no con máquinas.

Siempre trate de retroalimentarse con su propio cliente. Esto puede parecerle absurdo pero cuanto más escuche, mejor serán los resultados. Las preguntas son las que cierran la venta. Esta es otra frase muy poderosa que le ayudará a usted y a su organización a ser los número uno del mercado.

He aquí algunas sugerencias:

1. *Siempre prepare su material y su entrevista comercial a la medida de su cliente.* Cada cliente es diferente. Ningún cliente se parece a otro.

2. *Haga siempre primero lo primero.* Prepárese. Prepare su entrevista comercial, prepare su material, prepárese todos los días y actualícese. Si no se prepara, alguien lo hará por usted, pero ese alguien creará un cliente y cerrará un negocio, mientras usted sigue preguntándose: "¿Por qué no cierro ni una puerta?".

3. *Siempre defina sus objetivos para cada cliente.* Esto le ayudará a visualizar más fácilmente sus propias perspectivas y su propio plan de trabajo con su cliente. Vender no es un arte, como a lo largo de muchas décadas nos han enseñado, vender es una ciencia muy compleja y completa.

Lección 3

Agudice sus habilidades más críticas

Muchos de los vendedores profesionales siempre sienten que los diálogos con sus clientes algunas veces son como lluvias de ideas más que "ventas". He aquí seis ideas acerca de las habilidades más críticas para lograr que su diálogo sea fluido y, sobre todo, productivo:

Presencia. Intercambio de energía, convicción e interés mientras escucha y habla. Es decir que usted representa una figura de autoridad para su cliente.

Relación. Construcción de confianza, utilización del reconocimiento y expresión de empatía para conectarse con sus clientes.

Preguntas. Crear una estrategia lógica y efectiva utilizando habilidades de sondeo y evaluación de necesidades.

Escuchar. Entender lo que su cliente quiere comunicarle en palabras, tonos y lenguaje corporal.

Posicionamiento. Demostrarle persuasivamente valor y utilidad al cliente, personalizando el conocimiento del producto a las necesidades de éste.

Verificación. Obtener retroalimentación sobre lo que se ha dialogado, para calibrar qué ha entendido de su cliente y lo que se ha acordado.

Estas habilidades son las verdaderas herramientas para vender. Cuanto más desarrolladas estén, mejor será el vendedor. Una simple debilidad en alguna de ellas coloca una barrera en contra de su efectividad. Nuevamente: las ventas son una ciencia y cuanto más se estudia y se practica, mejores son los resultados. Cuando usted como vendedor es consciente de esto y se da cuenta de que las ventas no son casualidad sino el producto de un largo proceso, sus resultados a corto plazo serán excepcionales.

Cuando usted está calificando prospectos, muy seguramente tendrá que usar alguna de las siete preguntas que propongo a continuación para obtener la información que necesita. Pero hay una buena forma y una mala manera de averiguar quién toma la decisión. Formule sus preguntas de tal forma que se muestre así mismo como una figura de autoridad y experto en ventas.

A continuación presento siete frases que lo harán desarrollar su primera habilidad: Presencia (que usted es una figura de autoridad para su cliente).

1) "¿Cuénteme cuál es el mayor dolor de cabeza en su negocio en este momento?"

Esta es una pregunta que llega al corazón de la necesidad. De hecho lo presenta a usted como alguien que tiene lo que su prospecto busca solucionar. Obviamente no se trata de que su prospecto le diga cada pequeño problema que tienen; lo que necesita saber es aquello que mantiene despierto en las noches al gerente o presidente de esa compañía. Pregunte a su prospecto qué problemas está teniendo y se dará cuenta que se quedarán pensando la respuesta; no sabrán qué decir. Pregúnteles sobre el dolor de cabeza que los agobia y lo enfoca en la única cosa que es su mayor obstáculo.

2) "¿Cuál es su mayor inhibidor para hacer crecer su negocio?"

La frase "inhibidor para hacer crecer" lo hace sonar como un profesional en ventas. Es también la frase que no debe faltar después de haber realizado la anterior. Usted ganará aún más autoridad si su prospecto no está seguro y si está dispuesto a demostrarle que es capaz de trabajar con él para identificar los obstáculos que se lo impiden.

3) "¿Qué tipo de retorno sobre la inversión es lo que busca?"

Con esta pregunta, le está lanzando la pelota a su prospecto y le está ofreciendo la oportunidad de demostrar lo que sabe. Es también una manera fácil de congraciarse con los resultados que su cliente o prospecto espera. En lugar de hacer una pregunta vaga acerca de los objetivos que tienen, averigüe exactamente lo que espera su cliente obtener a cambio al adquirir su producto o servicio. Esta frase lo colocará en una posición más seria y profesional frente a su prospecto.

4) "¿Qué sabe usted acerca de [nombre de su producto o servicio]?"

Realice esta pregunta si su producto está bastante diferenciado y relacionado a una cierta filosofía de negocio. Por ejemplo, un representante de ventas de nuestra compañía (Q&PG S.A.) preguntaría al prospecto si están familiarizados o no con estrategias de inbound y outbound marketing.

Al igual que la pregunta 2 y 3, esta pregunta desempeña una doble función; No es sólo una declaración elegante que permite a su prospecto compartir sus conocimientos, sino que también le muestra exactamente cuánto su cliente sabe acerca de usted y su marca y revela lo mucho o poco que se requiere para que sepan todo sobre usted, su producto o servicio.

5) "¿Necesitamos un patrocinador ejecutivo?"

En las ventas B2B, un patrocinador ejecutivo es un ejecutivo de alto nivel del lado del vendedor que puede servirle de guía, experiencia o educador a los compradores. He ofrecido un patrocinador ejecutivo a mis prospectos cientos de veces, pero sólo me han llamado mis clientes por su ayuda una o dos veces. Permita a sus clientes saber desde el principio que esta es una opción disponible para ellos, lo que hace que se sientan bien atendidos.

6) "Hablemos sobre el proceso de implementación."

Esta declaración se presta a encaminar a su prospecto a través de una metodología. Demuestra a su prospecto que tiene un proceso de incorporación ordenado y listo, y que no está experimentando ni con él ni con su empresa.

7) "¿Quién además de usted del equipo ejecutivo está interesado en nuestro producto o servicio?"

Preguntarle a su prospecto de plano, si es quien toma la última decisión es grosero y condescendiente. Su prospecto puede no estar ni siquiera cerca del equipo de alta dirección. Sin embargo, esta frase halaga al cliente y al mismo tiempo permite descubrir cuáles son exactamente las personas clave en el cierre y qué necesita para conseguirlo.

Como vendedor, las únicas dos cosas que puede controlar en su trabajo son la forma en que gasta su tiempo y cómo se comunica con sus prospectos. Ser muy cuidadoso con las palabras que usted dice logrará que domine cualquier conversación cualquier conversación con sus prospectos y clientes.

Por ejemplo, si el vendedor no logra crear confianza con su cliente, es casi imposible que éste sea abierto y sincero al responder las preguntas que el vendedor formula y, por supuesto, la información que el vendedor está recibiendo estará viciada y no será de ninguna utilidad en el futuro. Si el vendedor no escucha, las respuestas de su cliente pierden su valor. Y sin un entendimiento de las necesidades del cliente es casi imposible relacionar sus habilidades a las necesidades de sus clientes.

El diálogo en las ventas, como he venido explicándolo, requiere conocimiento del producto y pericia técnica, pero igualmente y más importante que esto es el conocimiento que logre hacer de su cliente y sus habilidades para escuchar y entender a su cliente y sus necesidades. Recuerde que las ventas hoy día son personalizadas, y lo mejor que usted puede hacer con su cliente, antes que nada, es ser honesto, y si su producto, de alguna manera, afecta a su cliente de forma negativa lo mejor es comunicárselo y, por qué no, recomendar otro tipo de productos y servicios, así no sean de su compañía. Ser ético siempre, es mi mejor sugerencia para usted mi estimado vendedor.

Mi experiencia siempre me ha demostrado que obtengo más recomendando clientes a otras compañías cuando mis productos o servicios no se ajustan a las necesidades de mis clientes, en razón a que más adelante sólo me buscan a mí para cualquier tipo de asesoría. De esa forma, he ganado miles de clientes, pues este primer cliente agradece la asesoría integral y mi honestidad, y se convierte luego en un defensor de mi marca y, de paso, de mi buen nombre. Muchas veces es tan profunda la relación con mis clientes que se convierte en algo casi familiar para mí, y a ese nivel debería llegar uno con ellos, aunque no lo crea. Piense en esto: ¿no es más fácil trabajar con lo que llamamos nuestro mercado natural?.

En el diálogo que ocurre durante la entrevista comercial, el vendedor se convierte en un investigador, por así decirlo, el cual comprende completamente las necesidades particulares de su cliente; puede, de forma acertada, encontrar de qué manera sus productos o servicios le ayudan a su cliente y así relacionar correctamente estos mismos dentro del gran espectro de necesidades de su cliente.

He aquí algunas sugerencias para agudizar esas habilidades tan necesarias para que usted y su organización vayan siempre a la cabeza dentro de su mercado o sector:

1. *Evalúe sus habilidades más críticas.* Presentación, relación, preguntas, escuchar, posicionamiento y verificación. Identifique claramente sus fortalezas y debilidades en cada una de ellas, al igual que sus áreas de mejoramiento. Trabaje en orden cada una de éstas una a la vez, y así avanzará rápidamente paso a paso. El orden es uno de sus mejores aliados: los vendedores de hoy deben tener un manejo excelente del tiempo y llevar un orden muy estricto dentro de sus diálogos y presentaciones, pues ahí está la clave de su éxito. Sin evacuar cada paso a plenitud, es imposible culminar correctamente cualquier proceso.

2. *Autoevalúese constantemente, hasta que realice el proceso de forma casi sin pensar.* Al final de cada diálogo, de cada entrevista comercial, sea crítico con usted mismo; recuerde que siempre habrá algo que mejorar. Si lo reconoce siempre tomará la delantera en cuanto a ventas se refiere. No lo olvide: para llegar a ser un profesional en el campo de las ventas, usted finalmente no está vendiendo, está compartiendo una valiosa información con sus clientes. Eso es vender.

3. *Cuando tenga la oportunidad, realice una retroalimentación de su diálogo, ya sea con sus clientes o con sus colegas.* Muchas veces, la retroalimentación es algo que puede llegar a afectarnos, pero en la medida que lo comprendamos de una forma positiva, la retroalimentación nos hace mejores y siempre debemos agradecerla.

Y recuerde: lo más importante es tener un objetivo, y este debe ser lograr el reconocimiento como el mejor en su actividad sea cual fuere, porque todos somos vendedores, así no seamos conscientes de ello.

Lección 4

Abra la venta enfocándose hacia su cliente, no hacia su producto o servicio.

Recuerde lo que he venido diciendo: así como siempre escuchamos cómo lograr cerrar más ventas, este libro tiene el objetivo de ayudarle a entender que en la medida en que usted haga una correcta y apropiada apertura de ventas, logrará que el cierre se dé por sí solo. Lo que empieza bien termina excelente. Tenga siempre esto en su mente.

Al comenzar una venta se establece un tono con su cliente. Existen cuatro momentos que ayudan a completar y formalizar su apertura en ventas:

Establecer la confianza con su cliente. Sin confianza es imposible lograr empatía.

Establecer el objetivo de su cita y clarificar el porqué de la entrevista comercial. Un error muy grande y frecuente que el vendedor comete es que éste jamás comunica por qué está allí. Simplemente comienza a hacer una presentación y a hacer una cantidad de preguntas en frío, y lógico, la tendencia natural de cualquier persona es cerrarse a cualquier tipo de interacción.

Enfocarse hacia su cliente, no hacia su producto o servicio. Todos los vendedores se orientan frecuentemente hacia el producto o servicio y esto es un error.

Establecer un puente entre las necesidades de su cliente y sus productos o servicios.

Según donde se encuentre dentro del proceso de la venta depende el énfasis en cada uno de éstos. Pero sin importar lo rápido que el proceso ocurra, los mejores y más expertos vendedores siempre dedican el tiempo suficiente y correcto para sus aperturas de ventas. Tal vez esto de abrir las ventas puede ser para usted algo sin sentido y una pérdida de tiempo, pero créame que es un grave error no comprender que la venta es un proceso en sí, que tiene un comienzo y un final.

Siempre se nos habla del cierre de ventas como tal, pero jamás se nos enseña a abrir o empezar el proceso; luego es muy importante que usted tome conciencia de esto a la mayor brevedad. Esto lo colocará en una posición muy ventajosa dentro de su organización; además, la práctica hace al maestro. Un profesional en ventas no nace se hace.

No escatime esfuerzo en la creación de confianza con su cliente. Tal vez dentro de la apertura misma de la venta debe lograrse una excelente confianza desde el principio; si usted es transparente su cliente también lo será. Si actúa con sinceridad y honestidad, puede esperar lo mismo de su cliente, pero de su habilidad depende, en este punto, lograr esta vital conexión entre usted y él.

Tómese el tiempo necesario para planear su entrevista comercial, como lo planteaba en la lección 2. Es de vital importancia la preparación antes de siquiera tocar el teléfono, y en la medida que establezca una excelente sintonización entre usted y su cliente, logrará rápidamente interpretar cada señal que su cliente envía constantemente, pistas y otras señales que usted puede identificar del lenguaje corporal de su cliente.

Recuerde que así como usted está interpretando el lenguaje corporal de su cliente, él también está evaluando su lenguaje corporal. Así que debe estar muy seguro y mantener el control de la entrevista comercial, porque, aunque no lo crea, muchos vendedores no venden; compran las excusas y los problemas de sus clientes y terminan, por así decirlo, llorando con ellos. Ésa es la perfecta antiventa.

Es muy importante ser sensible con aquellos clientes "duros" al principio, pues estos clientes siempre terminan siendo defensores de su marca y de usted mismo, y generan una preferencia que lo distinguirá de los demás dentro del mercado.

Quiero detenerme en este punto para hablar de los tipos de clientes. Esto le ayudará en un futuro a comprender fácilmente sus probabilidades en una entrevista comercial.

Realmente, existen sólo tres clases de clientes: el positivo, el curioso y el negativo. "Nunca, lea bien por favor, nunca pierda tiempo con los curiosos".

Dedíqueles el 80% de su tiempo a los *clientes positivos*; ellos lo referirán, quienes harán de usted una empresa productiva y siempre positiva y en constante avance. Ellos utilizan el qué, cómo, dónde, cuándo y cuánto; siempre están llenos de preguntas y motivados hacia usted y lo que usted tiene para ofrecer.

Y aprovecho este punto para citar otra de mis frases favoritas en ventas: "Los clientes nunca compran los productos o servicios que usted tiene; el porqué de una venta es usted y sólo usted".

Recuerde que los productos y servicios no se venden solos y jamás negociamos con máquinas o cosas; negociamos entre personas. Escribo esto con base en el desempeño que tuve en una importante firma en Tokio, Japón, país que no va hacia el futuro sino que vive en él, y puedo asegurarle que seguiremos por mucho tiempo negociando entre personas.

El mundo se dirige a una era netamente comercial y de servicios de forma acelerada, y nuestra profesión adquirirá cada vez más una importancia vital para cualquier actividad. Usted lo reconocerá. Tiene una oportunidad de demostrarse qué tan excelente puede llegar a ser dentro de esta era de la información.

Aunque no lo crea, dedíqueles un 15% de su tiempo a los *clientes negativos*. Es más fácil convertir un cliente negativo en uno altamente positivo, que un cliente curioso en uno positivo.

El negativo está cerrado a cualquier cosa, no ve, no oye, no entiende, pero en la medida en que usted sea paciente y altamente habilidoso para sensibilizarse frente a este tipo de cliente, tal vez encuentre en él su cliente ideal. Esto no es una regla general, pero en mi caso siempre funcionó. He tenido enfrente las personas más negativas que usted pueda imaginar y hoy sólo me buscan para cualquier asesoría comercial.

Es grato pensar por momentos cómo fue mi primer encuentro con ellos: siempre inolvidable, pero igualmente retador. Porque quiero ser el mejor, estudio de forma muy minuciosa cada uno de mis clientes ya que cada caso es una experiencia muy enriquecedora y única, y cada venta, como he venido mencionándolo, debe ser personalizada.

Mi recomendación es que utilice sólo un 5% de su tiempo con el *cliente curioso*. Es aquel cliente indeciso (casi hasta para permitirle tener una entrevista comercial), inseguro, no cumple citas, pero después se excusa y le da esperanzas de continuar interesado en su producto o servicio. Su decisión de compra depende siempre de alguien que decida por él o ella, sea su esposo(a), padres, mejor amigo; siempre hay un "pero" que no permite que el proceso se cierre. Se torna distraído pero a la vez interesado. Es un verdadero curioso que no está interesado y al cual usted debe dedicarle máximo dos entrevistas comerciales.

Sugerencia: nunca entregue demasiada información hasta tanto haber identificado con qué tipo de cliente puede estar usted dialogando. Esto le ahorrará dinero y esfuerzos innecesarios. La frase que siempre debe estar en su mente cuando identifique éstas o cualquier otra señal de indecisión o simple curiosidad, debe ser: "*Continuar con el próximo prospecto*". No pierda tiempo. ¡Todo lo anterior significa siga adelante!

A lo largo de mis años en el campo de las ventas, muchos de mis colegas siempre están preguntándome cómo lograr ser altamente efectivo en el manejo de su tiempo. Y la respuesta es la misma: "Afine desde el principio sus sentidos, recuerde los verbos escuchar, observar, apreciar, degustar, entre otros". Usted no está de visita con su cliente, está obteniendo una información muy importante de su cliente mediante una entrevista comercial. Identifique desde el principio del diálogo su tipo de cliente y observará rápidamente los resultados.

No pierda su tiempo ni el de su cliente. Siempre enfóquese completamente en él.

Aprovecho esta lección para mencionar lo que considero son los tres tipos de vendedores: los productores, los observadores y los soñadores.

Los *productores* son aquellos que planean su entrevista comercial, investigan a su prospecto muchísimo antes de preguntar por la entrevista comercial, son muy transparentes e íntegros: buscan siempre ganar la confianza de su cliente y establecer una relación comercial a muy largo plazo, tal vez de por vida. Les encanta tomar riesgos y cometer una gran cantidad de errores. Ellos saben que de su experiencia y del ensayo-error se perfeccionan. Para ellos nunca hay un cliente imposible, porque siempre están dispuestos a escuchar y aprender de la retroalimentación que reciben de sus colegas y clientes. Siempre triunfan porque están realmente comprometidos con su actividad y con su mejoramiento continuo. Representan sólo un 3% de toda la fuerza de ventas.

Los *espectadores* son aquellos que siempre se las saben todas; ellos creen que están muy adaptados a las situaciones, en constante cambio pero realmente sólo están observando mas no aprendiendo de sus clientes. Son los que conocen el producto o el servicio mejor que quien les dictó la capacitación; son unos expertos en el tema. Siempre están enfocados en el producto o el servicio nunca en el cliente. Siempre esperan ganar. Siempre toman riesgos muy calculados, siempre están sobrados de experiencia. Me recuerdan a los dinosaurios. Siempre evaden cualquier tipo de situación dificultosa, eluden los problemas, y siempre quieren todo garantizado y pronto. Este tipo de vendedor representa el 70% de toda la fuerza comercial.

Los *ilusos* siempre están quejándose. Jamás están conformes en ninguna empresa, ningún producto o servicio que representen se ajusta a ellos. Jamás triunfarán y por lo regular siempre quieren ver que a los demás también les vaya mal. Siempre andan en grupos o en parejas con otros soñadores. Creen que la empresa y sus clientes siempre están contra ellos. Llegan tarde a todas partes, no respetan su tiempo ni el tiempo de los demás; siempre van de visita de ventas nunca a una entrevista comercial; nunca realizan un diálogo, sólo una simple charla y una muy pobre presentación del producto. Son el dolor de cabeza de todas las empresas en donde trabajan y la excusa siempre es que el producto o servicio es imposible de vender. Su única motivación es que los demás no lo logren. Este tipo de vendedor representa el 27% de la fuerza comercial.

Y ¿en dónde se encuentra usted?

Recuerde que el deseo de ganar no es tan importante como el deseo de prepararse para ganar. Las personas no se involucran con las empresas; se involucran con usted. Tenga esto siempre presente, acompañado de una actitud ganadora y positiva: los resultados serán excepcionales.

Para cerrar esta lección quiero sugerirle que cada vez que abra una venta, siempre guíe su diálogo no hacia una discusión genérica de lo que es su producto o servicio, siempre diríjase desde el comienzo hacia un diálogo interactivo para entender el objetivo de su cliente y sus necesidades muchísimo antes de comenzar a cubrir sus propias capacidades o ideas. Durante la presentación recuerde llevar a cabo su plan de principio a fin.

Puede que al principio necesite llevar con usted un diagrama, pero siempre es bueno practicar a solas en su casa. He aquí un excelente ejercicio. En la privacidad de su hogar, tome la cámara de video de su teléfono y grábese. Realice una prueba de lo que será su entrevista comercial, quiero decir su apertura, sus preguntas, su tono, timbre y velocidad de voz, etcétera, y escúchela y pregúntese: "Si ese que está en el video fuera mi vendedor, ¿estaría dispuesto a confiar mi decisión de compra en él?".

Se sorprenderá de lo que este ejercicio puede hacer por usted. Muy pocos vendedores toman este ejercicio con la seriedad y el compromiso que les sugiero que lo hagan. No importa qué tan extrañado se sienta al hacerlo, recuerde que se encuentra perfeccionándose todo el tiempo, usted es un productor, no un espectador ni un iluso. Está leyendo estas palabras porque quiere y está seguro de que va lograr ser el mejor en su industria. Recuerde: los vendedores profesionales exitosos se hacen día tras día, no nacen.

Evalúe el contenido del video. Al principio se preguntará y dirá: "¿Esa es mi voz? ¿Ese soy yo? ¡No puede ser!". Y tal vez se aterrorice usted mismo de su presentación, pero recuerde que está practicando con usted mismo: nadie más puede saber cómo lo hace.

Los productores cometen muchísimos errores, pero siempre están dispuestos a mejorar y a retroalimentarse, a aceptar la crítica y a perfeccionar su técnica. Todos somos diferentes.

Este ejercicio puede mostrarle cuán preparado está para persuadir a los demás. El primer convencido de su presentación debe ser usted, eso le generará autoconfianza y hará mucho más fácil la aceptación de los demás.

Su autoestima se refleja desde el primer contacto posible con su cliente, así sea telefónico. No se imagina usted lo que un tono de voz apropiado puede hacer por usted y lo devastador que un pésimo tono puede cerrar de inmediato los posibles caminos hacia su prospecto.

Piense siempre de forma positiva, automotívese constantemente. Recuerde que la motivación se acaba, pero de usted depende mantener un nivel de motivación muy alto. Así, sus presentaciones y sus diálogos se acompañarán siempre de mucha seguridad en su hablar y de muchísima persuasión por la energía que irradia en los demás. Usted mismo lo reconocerá. Pero no olvide detener su lectura en este punto y realizar este poderoso ejercicio que le ayudará de forma muy positiva en sus relaciones futuras. Sus clientes también esperan encontrar en usted alguien motivador, y eso sólo se logra con una correcta y sana autoestima.

La mayoría de los vendedores se enfocan durante su apertura en ellos mismos, lo que no sólo afecta la confianza con su cliente sino la relación misma. El vendedor enfocado hacia su cliente destaca la importancia de una apertura en ventas que construye un piso muy sólido y permite un correcto entendimiento de las necesidades de su cliente.

Hay dos preguntas que todo vendedor debe hacerse antes de levantar el teléfono. Cuando los representantes de ventas están prospectando, muy a menudo terminan envueltos en un diálogo interno:

¿Cómo debe ser mi propuesta de valor para que sea atractiva?

¿Mi discurso de ascensor o elevator pitch, como se le conoce (1 minuto para venderme), está actualizado?

¿Qué objeciones probablemente escucharé y cómo las voy a manejar?

¿Cómo voy a establecer una relación de confianza con este contacto?

Como experto en ventas, diría que nunca es una buena idea pensar demasiado, es decir utilizar nuestro sistema 2 pensando despacio como lo expuso muy bien Daniel Kahneman, pero es particularmente más peligroso cuando se está prospectando. Por obsesionarse con lo que van a decir y cómo van a decirlo, los vendedores a menudo se olvidan de que todo el enfoque de una llamada de ventas está en el comprador no el vendedor.

Para mantener el foco donde debe estar, aconsejo hacerse dos preguntas antes de tomar el teléfono:

¿Por qué usted?

¿Por qué ahora?

Estas preguntas pueden parecer simples, pero tienen el potencial de cambiar drásticamente su aproximación al prospecto y lo mejor de todo los resultados.

Analicemos la primera pregunta. Otra forma de pensar acerca de "¿Por qué usted?" sería "¿Por qué está tratando de llegar a esta persona en particular en lugar de alguien (cualquiera) más en la organización?" Si usted no tiene una razón de peso, es el momento de volver a la mesa de dibujo.

Y para que quede claro, por experiencia, el hecho de que el contacto tiene un título o cargo determinado no califica como una razón de peso. El comportamiento y las señales de compra son un mejor indicador de que la persona podría estar interesado en su producto o servicio. (Si no está siguiendo a sus prospectos en las redes sociales, es el momento de empezar.)

La segunda pregunta tiene que ver con la sincronización. ¿Por qué llama esta persona en particular ahora en vez de la semana pasada, el mes siguiente, o en cualquier otro momento?

El hecho de que usted prefiera hacer su prospección los martes no es una buena razón. Un evento que acaba de ocurrir en el entorno del cliente o que ocurrirá, da la posibilidad de que se cree un deseo o interés en su producto o servicio. (¿Nunca ha utilizado Alertas de Google?. Es el mejor momento para ponerlos en marcha.)

La única idea que siempre trato de impartir a los vendedores que buscan mejorar sus habilidades de prospección es que por encima de todo, la gente quiere ser escuchada. Los compradores no son tontos. Ellos saben cuando son sólo un nombre en su lista. En la investigación a fondo de sus prospectos, antes de llegar a ellos y asegurarse de que tiene una respuesta excelente para las dos preguntas anteriores, se hace claro que usted está interesado en ellos como persona y en lo que tienen que decir. Y de eso es de lo se trata la venta después de todo.

He aquí algunas sugerencias adicionales para optimizar su apertura:

Prepare la construcción de confianza con su cliente. Tómese su tiempo para planear cómo lograr una correcta superficie suficientemente sólida para que su relación sea duradera y segura.

Lleve un correcto orden en su apertura y evacue todos los puntos de su presentación. Realice lo que usted preestableció, por ejemplo el saludo, el propósito, la introducción, la agenda del día y revisión de la misma con su cliente.

Este tema de la agenda es un tema tan descuidado por los vendedores, pero tan vital a la hora de demostrar profesionalismo con sus clientes. Jamás he tenido enfrente mío un vendedor que haga algo como esto: salude, se identifique, agradezca el contacto conmigo, establezca el objetivo fundamental de la entrevista comercial, el tiempo que nos va a tomar y la agenda del día, quiero decir el orden de la charla.

Nunca me he encontrado con un vendedor en ninguna parte del mundo que lo haga, pero cada vez que yo lo hago, mis clientes siempre reconocen algo: el profesionalismo desde la apertura. Saben desde el primer instante que están frente a un verdadero profesional en quien pueden confiar su tiempo y sus necesidades; muchas veces me detienen en cierto momento y me hacen saber que no esperaban algo así. Esto puede romper el hielo de forma casi inmediata y no tiene usted que utilizar el típico "¿Cómo le ha ido?". "¿Qué bonito día que está haciendo?", o miles de muletillas que utilizamos para iniciar nuestra entrevista comercial y que claramente no nos van a acercar a cerrar el trato.

De nuevo, al definir el propósito de su entrevista comercial, traslade siempre sus objetivos de forma medible. De esta forma logrará obtener una mayor atención de su cliente.

Y recuerde: existen tres reglas de oro para generar y lograr una excelente apertura en la venta: confianza, confianza y confianza.

Lección 5

Relacionándose con su cliente

Las habilidades más críticas como preguntar, escuchar, posicionamiento y verificación son su *know how*. Pero sus habilidades como relación, la cual incluye confianza, reconocimiento y empatía, son su habilidad de *feel how* (palabras tal vez usted nuevas para usted). La creación de confianza está siempre relacionada con la apertura de la venta. Sin embargo, existen otros momentos de verdad[2*] muy poderosos que ocurren dentro de su entrevista comercial que también le permitirán ser altamente efectivo en la creación de confianza.

Muchos vendedores se involucran dentro de esta profesión porque les gusta la gente, les gusta trabajar con el público. Pero la creación de confianza representa sólo una parte de lo que se considera relacionarse con su cliente. Confianza es ese ingrediente secreto que hará de su apertura una relación a muy largo plazo con su cliente.

---

2   Un momento de verdad es cada instante en que un cliente toma contacto con la persona o sistema que da el servicio.

Reconocimiento y *empatía* son habilidades vitales para desarrollar y perfeccionar para llegar a ser un vendedor profesional. Sin embargo, lo que realmente cierra la venta son las preguntas. Por eso insisto, estimado vendedor, en que si usted toma conciencia a tiempo de que no va a una visita de ventas como suelen llamarla, sino preparado para una entrevista comercial, usted estará en capacidad de asumir cada pregunta con la seriedad y el escrutinio necesarios.

Y quiero citar el siguiente ejemplo que nos ayudará a comprender el porqué de la frase "Las preguntas son las que cierran la venta".

Muchos años atrás, Aristóteles aseguró que si usted toma dos objetos del mismo material pero distintos en su peso y los deja caer, el cuerpo más pesado caerá primero. Por muchos años esto fue una verdad absoluta y revelada dentro de la Universidad de Pisa. Muchos años después, Galileo argumentó que esto no era cierto. Cuando su opinión fue confrontada por los estudiantes, se dirigió hacia lo alto de la torre inclinada de Pisa y dejó caer dos objetos del mismo material pero con diferencias muy marcadas en su peso, los cuales cayeron al piso al mismo tiempo. Galileo estaba en lo correcto y de paso había demostrado gráficamente que este fenómeno gravitatorio era cierto, pero lo más increíble fue que en la Universidad de Pisa, a pesar de haber demostrado que Aristóteles estaba equivocado, se continuó enseñándoles, por muchísimos años, a los estudiantes que los objetos más pesados caen primero que los livianos.

He aquí el porqué Galileo había convencido a los estudiantes de que él estaba en lo correcto, pero no los había persuadido.

La pregunta en el mundo de las ventas es: ¿cómo puedo persuadir a los demás? Respuesta: usted no persuade presentando o hablando, usted persuade *preguntando*.

Y voy a dedicar una gran parte de este libro a que usted desarrolle el arte de persuadir a través de las preguntas que usted realiza.

Aquellos que han conocido acerca de la vida de Jesucristo saben que él fue un excelente persuasor. Y si no ha tenido la oportunidad de descubrir esto, lo invito a que tome una *Biblia* y lea los evangelios donde Jesucristo aparece con la gente. Hará un increíble descubrimiento: cuando la gente le preguntaba algo a Jesús, él siempre respondía con otra pregunta o con una parábola, las cuales son ambas herramientas de persuasión muy poderosas. Recuerde: "Los hechos hablan, pero las historias venden".

Hacer las preguntas correctas y escuchar minuciosamente las respuestas es un excelente ejercicio en la creación de confianza con su cliente. Definitivamente, usted debe desarrollar un interés auténtico y personalizado en los demás; de esta forma comienza esa construcción de relación a la que me refiero en esta lección.

Supongamos que un cliente menciona un problema. Un profesional en ventas preguntaría: ¿y usted como manejó su problema? Un vendedor cualquiera simplemente diría: "Siento mucho lo que pasó" y haría simplemente cualquier pregunta para continuar con su "diálogo". De nuevo, no se enfoque sobre su producto o servicio enfóquese sobre su cliente.

El trabajo de un experto en ventas es determinar si un comprador podría beneficiarse de su oferta, y si es así, presentar su producto o servicio como la mejor solución. Con el fin de hacerlo de forma exitosa, sin embargo, el asesor tiene que conectarse correctamente con su prospecto, definir su alcance y realizar una presentación persuasiva.

Pero en medio de una presentación, todo lo que se necesita es una palabra o una frase poco aconsejable para que el comprador salga corriendo. Lo que nos plantea la siguiente pregunta: ¿Qué frases se deben evitar durante la presentación de ventas?

A continuación presento 10 frases que se utilizan durante las presentaciones de ventas que pueden espantar a un prospecto.

1) "Mi producto ayuda a las empresas exactamente como la suya."

Esta frase puede sonar condescendiente con el comprador porque no hay dos empresas que sean exactamente iguales. Si bien puede haber similitudes entre las empresas, las áreas de mejoramiento de cada organización son únicos y requieren una solución a medida.

Los vendedores debemos hablar sobre los detalles de nuestros productos o servicios, lo que nos hace únicos y cómo pueden beneficiar al negocio de su prospecto. Después de todo, los clientes quieren saber cómo el producto o servicio puede ayudarlos a ellos y su empresa, no la forma en que pueden ayudarle a las empresas similares a la de ellos.

2) "Una vez que tenga esto, usted nunca necesitará comprar otra cosa."

Seamos realistas: Ningún producto puede resolver todos los problemas de un posible cliente. Por no decir que los problemas cambian con el tiempo, y surgen nuevas dificultades. Esta frase es además poco realista a la vez que puede acabar la confianza en el vendedor cuando las oportunidades se presentan muchas veces bajo sus pies.

3) "Poco o ningún esfuerzo se necesita de usted para que este producto sea un éxito."

Utilizar una frase como esta puede ser tanto engañosa como inexacta. Todos los productos requieren un poco de trabajo por parte del cliente para que encajen en el negocio de un cliente potencial. Hacer esta promesa durante una presentación puede resultar en un cliente totalmente frustrado.

Los vendedores deben ser sinceros por adelantado sobre las realidades de su producto. Si le va a tomar algo de trabajo al comprador integrar la oferta en su negocio, el prospecto debe saberlo.

4) Los modismos en los negocios.

Los representantes de ventas que utilizan un vocabulario, palabras o modismos propios de su negocio pueden dejar al prospecto confundido sobre el valor del producto.

En su lugar, los vendedores profesionales deben adaptarse al lenguaje de su cliente para demostrar el valor de su oferta en términos que el cliente comprenda. Esto mejora la comunicación y la confianza, y permite al cliente la posibilidad de aclarar más fácilmente la información.

5) "Esa podría ser una posibilidad."

Cuando se utiliza como respuesta a una pregunta, esta frase puede presentar al vendedor como desinformado y por lo tanto dañar su credibilidad. En caso de que el vendedor no esté realmente seguro frente a una pregunta, lo mejor es ser honesto y decir "no sé". A menudo es la mejor apuesta de un profesional en ventas.

6) "Pero la mejor parte es ..."

Lo que a usted le parece la mejor característica, ventaja o beneficio de su producto o servicio podría no serlo en el mundo del comprador. Tal vez el prospecto no considere este beneficio en particular como el "mejor", y esta disonancia puede apagar la venta por completo.

Los vendedores deben destacar los beneficios específicos del producto que van a jugar un papel fundamental en el éxito de su prospecto sin marcarlos como lo "mejor." Permítale al prospecto definir o escoger lo mejor para él.

7) "Es increíblemente fácil de entender."

Si el cliente no comprende la funcionalidad del producto o servicio, esta frase puede hacer que se sienta tonto. Y los clientes que se sienten de esta forma a menudo comienzan la búsqueda de un producto o servicio que no los haga sentir como tontos.

Recuerde que lo que puede parecer simple a usted (una persona que posee un amplio conocimiento del producto) podría ser completamente extraño para un comprador. Si el producto es realmente difícil de entender, empatice con su prospecto diciéndole: "Es algo difícil conseguir dominarlo al principio, pero una vez que aprenda los conceptos básicos, es muy fácil de usar en el día a día.

8) "Voy a hacer hasta lo imposible para que este negocio se concrete."

El uso de esta frase puede conducir a su cliente a creer que el vendedor está desesperado por vender algo a alguien a como dé lugar. Y a nadie le gusta comprarle a alguien que está desesperado.

El objetivo debe ser que el prospecto desee el producto, no rogarles para que lo compren. Para ello, persuada a su cliente para que perciba el valor no el precio y por qué su producto es el ajuste perfecto que ha estado anhelando.

9) "Para serle totalmente transparente ..."

Un vendedor que dice esta frase indica que no ha sido totalmente transparente desde el principio. Un cliente que de repente se da cuenta de que pueden haberle inducido al error y a la mentira muy probablemente quiera explorar otras opciones.

Sea totalmente transparente desde el principio del proceso de venta hasta el final, de esta forma nunca tendrá que utilizar esta frase. En vez de convencer, oriente a sus clientes potenciales sobre las ventajas y desventajas de su producto lo mejor que pueda, para que puedan tomar una decisión inteligente y bien informados.

10) "Le garantizo que este producto..."

Los vendedores profesionales deben evitar ofrecer garantías porque los productos y los servicios no son perfectos y en el evento en que algo suceda es su palabra la que queda en juego.

En el caso de que un cliente no tenga una experiencia totalmente satisfecha con el producto o no logre integrarlo correctamente a su negocio, el producto puede caer por debajo de las expectativas del prospecto, lo que resulta en un cliente insatisfecho y una pérdida total en la credibilidad del vendedor. Nada está garantizado eso se lo aseguro.

Tanto el reconocimiento auténtico por su cliente como la empatía son herramientas definitivas dentro un diálogo interactivo. La empatía va un paso más allá que el reconocimiento respecto a la relación; cuando aquélla se utiliza de forma adecuada puede ayudar a formar lazos personales muy profundos.

La empatía para muchas personas no es fácil de expresar. Pueden sentir empatía pero no se sienten cómodas comunicándolo. Expresar interés verbalmente puede ayudarle a reducir las defensas de su cliente y hacerlo a usted más persuasivo. Especialmente cuando un cliente es muy emocional o el tema es sensible, ayuda mucho responder primero con una sincera expresión de empatía para lograr que su cliente sea más receptivo a su respuesta. La empatía debe ser genuina, porque una falsa empatía será fácilmente reconocida por su cliente.

Muchos vendedores se sienten más a gusto utilizando el reconocimiento pues lo encuentran más natural. He aquí cómo ampliar sus habilidades para relacionarse:

Reconocimiento, reconocimiento, reconocimiento. Literalmente indica que usted escuchó lo que su cliente dijo.

Empatía. Siempre exprese una verdadera cuando su cliente esté molesto, animado, o entusiasmado.

Confianza. Desarrolle sus habilidades en la creación de confianza, preparando siempre cómo construirá esa confianza. La confianza es el primer paso para la construcción de cualquier relación.

Y recuerde: el auténtico reconocimiento es el oxígeno en la venta.

Lección 6

Posicione sus preguntas

La mayoría de los vendedores piensan que después de la apertura en una venta están listos para comenzar a "vender". Mientras que su objetivo debería ser entender las necesidades de su cliente, la mayoría van en una carrera para comenzar a hablar de su producto o servicio, lo cual está muy bien dentro del modelo tradicional de ventas basado en características y beneficios. Aun cuando los vendedores hayan pasado hacia la venta consultiva, hacen preguntas de tal forma que no le inspiran ninguna confianza a su cliente o comprador. Hacer preguntas sin ninguna preparación puede limitar el nivel de cooperación que éstas ofrecen.

En vez de eso, mientras se involucra en su apertura, ábrase a las necesidades de su cliente, haga un puente entre usted y las necesidades de éste, estableciendo desde el principio de su entrevista comercial que va a realizar preguntas e igualmente lograr un común acuerdo con su cliente.

Es de vital importancia que al comienzo de cualquier entrevista comercial usted defina un orden del día con su cliente; esto le ayudará a tratar cada punto con un enfoque único. Igualmente es responsabilidad suya no convertir la entrevista comercial en un interrogatorio. Usted está con su cliente para dialogar, intercambiar y compartir una valiosa información mutua.

Luego siempre establezca con su cliente el orden del día; adicione o sustraiga algún punto de común acuerdo. Esto es algo que todos sus clientes se lo agradecerán. Además, la principal razón para hacer esto radica en que cuando su cliente es parte de la decisión que se está tomando, las probabilidades de su interés en participar activamente y de forma entusiasta durante la entrevista son muy altas.

Además, si antecede la razón por la cual usted está realizando preguntas adicionando el beneficio que obtendrá su cliente gracias a esto, la cooperación y la atención de éste superarán sus expectativas. A esto me refiero cuando hablo de que cada entrevista en ventas debe ser personalizada. Acabe de una vez por todas con ese modelo que nos han "vendido" en las capacitaciones de ventas de las empresas y dé el primer paso; esto no es ningún pecado. Cada cliente es diferente. Recuerde que las preguntas cierran las ventas.

Una sugerencia (que a lo largo de los años seguiré haciéndolo): siempre manténgase muy bien informado. Acompañe su apertura de venta con algún detalle de información para su cliente. Hace unos años, mantenía una relación comercial muy estrecha entre la compañía para la que me desempeñaba y una importante empresa del sector textil en nuestro país. Cada vez que podía, trataba de introducir mi entrevista comercial con algún artículo, ya fuera de periódico o revista acerca de las últimas tendencias del sector textil, desde eventos hasta nueva tecnología, bueno ¡en fin! Esto era algo que mi cliente siempre me agradecía, además que mostraba el profundo interés que sentía por la relación comercial con la compañía y con nuestro negocio.

Llegó el día en que con mucha tristeza encontré que en el periódico local esta compañía había sido vendida a un gran consorcio internacional, pero, para sorpresa mía, al comunicarle esto a mi cliente se mostró muy extrañado y confundido, ya que dentro de la empresa jamás se había comentado nada y pese a que ellos tenían un constante flujo de información con la alta gerencia nadie sabía de esto. Bueno yo me disculpé al pensar que había cometido un terrible error y que sólo estaba generando falsas expectativas.

Pero la sorpresa me la llevé días después al recibir una llamada, en un tono no muy amable, de mi cliente. Me comunicaba que yo estaba en lo cierto y que tanto él como toda la parte directiva de la empresa había sido remplazada por personal extranjero y que en pocos días estaría recibiendo la llamada del nuevo gerente de la compañía.

Con esto simplemente quiero demostrarle que usted sin quererlo puede ir, gracias a su preparación de la entrevista comercial, muchos pasos adelante incluso de su mismo cliente. Contar siempre con una buena información y compartirla con su cliente es definitivamente clave en este nuevo milenio. Estamos en la era de la información. Se calcula que el nivel de información que recibía una persona del común en el siglo XVI durante toda su vida, era inferior a la que contiene un periódico en su edición dominical hoy día. La información está allí, lo importante es el uso que usted le dé. Por ejemplo: "Encontré esta información cuando preparaba nuestra reunión de hoy y después de revisarla atentamente (…) para enfocarnos sobre sus intereses, puedo preguntarle ¿(…)?".

Es igualmente importante que introduzca la preparación que ha realizado para su entrevista. Ser, desde el principio, honesto y transparente con su cliente le ayudará a que éste valore el esfuerzo que usted está colocando por hacer de cada entrevista algo productivo y significativo. Si desde el principio se establecen los objetivos de la reunión, al finalizar su entrevista usted notará que no necesita una gran cantidad de tiempo para lograr su objetivo y lograr una alta aceptación y control en su entrevista.

Aunque su cliente diga algo como "Hábleme acerca del producto X" o "Bueno, ¿y qué me tiene para hoy?", nunca, repito, nunca se deje tentar por su cliente para hablar de su producto o servicio sin haber explorado de común acuerdo las necesidades. Responda: "Sí, por supuesto. He recolectado un material acerca (…) de esa forma puedo enfocarme en lo que es realmente importante para usted, ¿puedo hacerle algunas preguntas? ¿Qué (…)? ¿Cómo (…)? ¿Por qué (…)? ¿Podría contarme (…)? ¿Cuándo (…)?".

Si de todos modos ha transcurrido algún tiempo dentro del proceso de ventas y usted ha identificado las necesidades, recapacite sobre esas necesidades y realice una pregunta para identificar necesidades adicionales o intereses y para comprender si algo ha cambiado y de esa forma integrarlo dentro de su diálogo.

Reconocer cuándo usted está alejándose de su apertura y está creando un puente hacia las necesidades de su cliente, le ayudará a generar un diálogo mucho más fuerte de necesidades. Además, le ayudará a no entrar a dialogar acerca de su producto o servicio demasiado pronto.

Realizar presentaciones de ventas o de negocios puede convertirse en algo muy tenso para usted y sus nervios o increíblemente divertido, dependiendo de que tanto se conozca a sí mismo.

Si usted es parte del grupo que teme dar una presentación o un discurso, no está solo. Según las últimas estadísticas de nuestra firma de investigación de mercados CIM (otra empresa del grupo Q&PG S.A) la mayor fobia de la mayoría de los colaboradores en las empresas colombianas es el miedo a hablar en público; según nuestro estudio el 35,8% de las personas en las empresas encuestadas tienen miedo de hablar frente a grandes grupos de personas.

Esto puede no parecer demasiado grande, pero para ponerlo en perspectiva, el miedo a hablar en público superó en nuestro estudio al miedo a las alturas, a los insectos, a las serpientes, al ahogamiento, a la sangre y a las agujas.

Sin importar si usted tiene esta fobia o es un experto en ventas cuando tiene la oportunidad de realizar una presentación de 30 minutos frente a muchas personas, estas sugerencias que le ofrezco para dar mejores presentaciones le servirán mucho en su próxima exposición.

1) Lenguaje Corporal o Lenguaje No verbal

El lenguaje corporal dice mucho acerca de alguien, desde la postura y los gestos hasta las expresiones faciales y contacto visual y nos ofrece una buena idea de la manera en que él o ella se ve.

Cuando nos sentimos poderosos, nos "abrimos" levantando los brazos en señal de victoria, de pie, o sentado con la espalda recta. Sin embargo, cuando nos sentimos incapaces, tendemos a encogernos hacia abajo o de cerca.

Siempre he afirmado que nuestros cuerpos cambian nuestras mentes, nuestras mentes cambiar nuestro comportamiento y nuestro comportamiento cambia nuestros resultados. Entonces si desea transmitir poder, colóquese de pie sacando el pecho con las manos en la cintura o si está sentado inclínese sobre la silla con las manos entrelazadas detrás de la cabeza. Haga esto durante dos minutos la próxima vez que esté a punto de entrar en una situación que podría ser incómoda para usted, como por ejemplo una presentación de ventas.

Cuando las personas actúan como si tuvieran un gran poder, es más probable que se terminen sintiendo realmente poderosas. Siga esta sugerencia y actúe como quiere realmente sentirse, hasta que se convierta en la persona que desea ser.

2) No memorice palabra por palabra.

Por supuesto que usted querrá estar familiarizado con su presentación previamente antes de realizarla, pero memorizarla palabra por palabra puede añadir tensión adicional que, potencialmente le resta valor a su presentación.

Muchas veces, cuando se nos pide que memoricemos algo, regularmente nos enfocamos en las palabras de una frase en el orden exacto, repitiendo la secuencia varias veces hasta que podamos recitar la frase exacta en orden. Muchas veces este tipo de memorización dificulta la comprensión de una frase y a lograr entender realmente el mensaje que está tratando de entregar al cliente o al público.

Cuando se está haciendo la presentación la memorización palabra por palabra puede contribuir a la ansiedad y puede acabar el efecto general de la presentación. Entre más natural se vea usted y memorice sólo las ideas a desarrollar será más clara e impactante su presentación.

3) Contar Historias

Todos queremos escuchar buenas historias. ¿Por qué no incorporar una en su próxima presentación?. Esta es una de las mejores armas de persuasión, como lo explico a profundidad en mi libro "Vender, Un estilo de Vida: 20 lecciones para llegar a ser un vendedor profesional" y que llevo explicando y desarrollando con mis alumnos durante más de 15 años, ya que nos ayuda a motivar y llevar al punto que queremos a quien nos escucha, siempre y cuando se eviten detalles innecesarios.

Si la historia se alinea con su presentación, ofrece la oportunidad de conectar emocionalmente con su público y también hará que su discurso más memorable. Este punto de las emociones lo trato a profundidad en mi libro "Neuroventas".

4) Práctica

Dicen que la práctica hace al maestro. Ahora, no estoy diciendo que un poco de práctica previa hará de usted un gran presentador, pero le prometo que entre más practique ya sea en privado o en un escenario real lo hará cada vez mejor. Trate de grabar sus presentaciones en privado, regrese el video y observe cómo lo hace como se lo sugerí en el capítulo cuarto. Eso le ayudará muchísimo. Además que le permitirá irse adaptando al entorno.

No olvide hacer la presentación previa con las herramientas tecnológicas que va usar para que se familiarice con el tiempo que va a utilizar y las ayudas que usará. De esta forma evitará sorpresas frente a su auditorio o clientes.

5) Verdaderas Ayudas Audiovisuales

Apóyese en diapositivas, gráficos o imágenes pero sólo eso: Apóyese. No lea diapositivas, busque que sean un recurso para que le ayuden en lo que usted tiene por decir.

Un público que escucha a un presentador hablar tiene un impacto supremamente poderoso frente al que lee diapositivas. Cuando una audiencia está escuchando a una presentación, sus patrones cerebrales se sincronizan con los del presentador y se activan las neuronas espejo como lo expongo en mi libro "¿Conoces a tus clientes? Nuevos secretos para vender hoy". Cuanto mayor sea la sincronización, más el público comprenderá. Ese es el fin; atraer a su público, no distraerlos de escuchar lo que usted tiene por decir.

Así que la próxima vez que usted tenga una presentación de ventas o de negocios, tome muy en serio estas cinco sugerencias y recuerde dejar que su personalidad brille. Y recuerde, cuanto más se presenta, más cómodo te sentirá y mejor vendedor será.

He aquí algunas ideas que pueden ayudarle a generar un excelente puente hacia las necesidades de su cliente mientras realiza su apertura:

Mencione su preparación. Genere credibilidad reforzando que usted se ha preparado para esta entrevista y, a la vez, su interés por realizar preguntas.

Cree un puente hacia las necesidades del cliente. Comience compartiendo la razón por la cual usted debe preguntar; de esa forma anima a su cliente a integrarse de forma activa dentro del diálogo.

Enfóquese siempre sobre el beneficio. Siempre déjele saber a su cliente como él o ella se benefician participando activamente en el diálogo.

Y recuerde siempre: prepare el camino hacia un diálogo de necesidades no de producto o servicio. Tenga esto en mente siempre. Usted es quien controla la entrevista comercial y al no hacerlo el cliente tomará el control, pasándose a hablar demasiado pronto acerca de su producto o servicio.

Lección 7

Desarrolle una estrategia de preguntas

Al tener una estrategia lógica de preguntas, usted puede crear un diálogo que lo guiará eficientemente a explorar correctamente las necesidades de su cliente. Aun cuando los clientes comparten sus necesidades con usted, ya sea porque son abiertos o por sus preguntas, no deje el diálogo a medias, en el entendimiento de las necesidades.

Su estrategia de preguntas le dará una estructura para desarrollar un diálogo muy rico en necesidades, y sus habilidades para preguntar le dan la flexibilidad que necesita dentro de la estructura para improvisar cuando aún esté dirigiendo el diálogo. Desde que usted sea prometedor y creíble realizando más preguntas, planear la estructura general y fluidez sobre sus preguntas es esencial.

La estrategia de ventas le permitirá crear diálogos acerca de las necesidades de sus clientes de una forma efectiva y eficiente. Comience preguntando desde el principio acerca de los objetivos de su cliente. Un entendimiento de lo que su cliente realmente desea provee el mejor fundamento para probar más profundamente. Muchos vendedores, increíblemente, no realizan este tipo de pregunta. Si usted no traza los objetivos desde el principio con sus clientes, ¡cómo sabrá qué tipo de rumbo tomará el diálogo entre ustedes?

Una vez tenga usted un panorama claro de los objetivos del cliente, entonces comience a preguntar acerca de la situación actual. Pruebe esto para aprender sobre las prioridades y los intereses del mismo. Luego pregúntele acerca del nivel de satisfacción y cerciórese en qué aspectos debe trabajarse y cuáles deben cambiarse. Si lo encuentra apropiado, pregúntele también acerca de las necesidades futuras y de esa forma usted puede tener una visión muchísimo más clara sobre el camino para tomar y la mejor solución actual.

Intente también preguntar, con mucho tacto, sobre las necesidades personales y de esa forma comience a construir motivadores personales dentro de la solución y a ser más persuasivo. Durante su plan de preguntas, siempre busque oportunidades para profundizar más y obtener información adicional de su cliente.

Una vez haya obtenido un completo entendimiento acerca de las necesidades de su cliente, es decir usted tiene claro los objetivos de éste, su situación actual, el nivel de satisfacción del mismo y sus necesidades futuras, comience a formular las preguntas de implementación que no haya realizado durante el curso del diálogo; por ejemplo, acerca del presupuesto, el marco de tiempo, obligaciones, competidores, relaciones y otro tipo de iniciativas relacionadas.

He aquí algunas ideas para desarrollar su estrategia de ventas:

Implemente una poderosa estrategia de preguntas para generar un diálogo de alto impacto. Comience con preguntas más estratégicas. Aprenda acerca de la situación actual. Aprenda sobre el nivel de satisfacción del cliente. Identifique las necesidades personales y futuras del cliente. Profundice donde sea necesario. Pero recuerde siempre que debe fluir un diálogo, no un interrogatorio.

Prepare sus preguntas. De la calidad de preguntas que usted formule dependerá la riqueza del diálogo. Las preguntas son tan importantes que no pueden dejarse al azar. Sin embargo, usted debe ser espontáneo. Su estructura debe ser flexible, siempre esté atento a las oportunidades que el diálogo le ofrece para profundizar, aprender más acerca de su cliente y hacerse a una idea muy clara de la estructura general de éste.

Pregunte acerca de la implementación. Entienda el presupuesto, el tiempo con el que cuenta, las obligaciones y los eventos relacionados con éste, la toma de decisiones, la competencia y las iniciativas relacionadas.

Y recuerde: una estrategia de preguntas es el camino para crear un verdadero diálogo de necesidades.

Lección 8

Piense en las preguntas

Cuando le pregunto a un vendedor las razones de una entrevista comercial, la mayoría siempre responde: "Para contarle al cliente (...) etc.". Si usted es un experto en su producto o servicio, del mismo modo, la forma y el lenguaje utilizado deben reflejar su profesionalismo. Cuando usted llama por teléfono a un prospecto, éste pregunta el motivo de su llamada y usted responde: "Encontrarme con usted para contarle acerca de los beneficios que nuestro servicio o producto le (...) y como podemos (...)", inmediatamente su cliente piensa en la típica visita de ventas en la que solo van hacerle perder tiempo.

Pero si usted como un profesional en el campo de las ventas desde el principio se muestra como tal, sería mejor algo así como: "El objetivo de mi llamada es concretar una entrevista con usted para conocer (...) y a través del diálogo entender (...) y de esa forma presentarle a usted (...)". Esto es sólo un ejemplo para que observe la gran diferencia que genera una palabra.

Es muy diferente encontrarse de entrevistarse. Igualmente, es muy distinto contarle a su prospecto que conocer y entender las necesidades del mismo. Desde el principio de la relación comercial con el cliente es fundamental tener objetivos claros. Recuerde que objetivos claros conducen a resultados claros; objetivos difusos dan pobres resultados, es más, la mayoría de las veces no dan resultados.

El cambio de una palabra en una oración es pequeño pero muy poderoso.

Una correcta preparación de preguntas le permitirá controlar la entrevista comercial y de esa forma lograr un correcto conocimiento de su cliente, su situación actual y recuerde: según el tipo de preguntas que usted hace, depende el nivel de persuasión que logra con su cliente.

¿Cuando usted se dirige a su cliente piensa en preguntas o en respuestas? Existe un tiempo y un lugar para las respuestas, pero si no existe un buen grupo de preguntas, se encontrará respondiéndose a usted mismo antes de que su cliente lo haga.

Esto es algo con lo que me encuentro a diario, en cualquier tipo de negocio. Es un error muy frecuente en el que todos los vendedores caemos a menudo. En lugar de preocuparnos por el tipo de preguntas que formulamos, siempre estamos pensando en el tipo de respuestas que vamos a entregar.

La mayoría de los vendedores son renuentes a hacer preguntas por diversas razones. Ellos creen que:

"No hay suficiente tiempo". La verdad es que el tiempo que se toma formulando las preguntas le ayudará a desarrollar una solución ganadora y regularmente le hará ganar tiempo, permitiéndole enfocarse en lo que realmente es importante para el cliente.

"Perderé el control de la conversación". La persona que controla las preguntas generalmente es quien controla el diálogo. Recuerde: de esa forma usted logra persuadir.

"El cliente va a creer que no estoy preparado". Los clientes pueden evaluarlo a usted por la calidad de sus preguntas. Las preguntas correctas demuestran qué tan bien preparado usted está, especialmente si se posiciona refiriéndose a su preparación. Por ejemplo: "Hablé con Néstor antes de nuestra entrevista y me fue muy útil la información que (...) estuve reflexionando acerca de (...) y me gustaría escuchar desde su perspectiva la visión de cómo (...)".

"Los clientes objetarán". Si usted hace una correcta introducción de sus preguntas demostrando el nivel de preparación y de comprensión, la mayoría de los clientes reciben mejor las preguntas que una descarga de producto.

"No me quiero arriesgar a ofender al cliente con mis preguntas". Es más frecuente que los vendedores se sientan incómodos acerca de las preguntas que los clientes. Desarrollar la habilidad de preguntar correctamente ayuda mucho a evitar esta incomodidad para ambas partes.

"Las preguntas hacen aflorar los problemas y las debilidades". Cuando estos aparecen, es el mejor momento para abordarlos y resolverlos. Ser transparente con su cliente desde el principio, no es sinónimo de debilidad como muchos creen; será el mejor camino para seguir y lograr una relación estable y duradera con su cliente.

"Yo tengo mucha experiencia y yo ya sé (...)". Usted puede ser el mejor vendedor que haya existido, pero le garantizo que cada cliente es diferente y usted siempre aprende algo nuevo con cada cliente. Se lo aseguro. Suponer o presumir sin realizar un chequeo o un diagnóstico, una validación de la información, o un debido entendimiento de la situación puede costarle mucho.

"Mi trabajo es tener todas las respuestas". Puede ser cierto que los clientes muchas veces sólo quieren respuestas acerca del producto o servicio que está ofreciéndose, pero está demostrado que los clientes quieren conocer el valor y los beneficios al comprarlos. Ellos esperan su respuesta para tomar decisiones, pero no es cierto que usted tenga que sabérselas todas. Otro error muy frecuente pensar así. Nosotros como vendedores estamos más para conocer y entender y de esa forma facilitar una decisión de compra de nuestros clientes.

Seamos realistas. La mayoría de los vendedores por su falta de preparación se vuelven molestos. Ellos ven a sus prospectos como números en su embudo de ventas, no como las personas que son. Creen que ganar su negocio es como una partida de ajedrez y un contrato firmado significa que "ganaron el juego."

Sin embargo, los compradores B2B (Negocio a Negocio) y los consumidores B2C (Del comercio al consumidor) generalmente no saben cómo comprar todo lo que está fuera de su área de experticia. Piénselo. ¿De verdad sabe cómo comprar un televisor? ¿Sabe las verdaderas preguntas técnicas que debería hacer? Es probable que le gustaría un poco de ayuda, ¿verdad?

Pero, irónicamente, cuando el vendedor en la tienda de electrónicos le pregunta si le puede ayudar en algo, ¿qué es lo que regularmente respondemos? "No, sólo estoy mirando gracias."

La compradores y vendedores por lo regular juegan al gato y al ratón juego lo que ha creado un ambiente de apalancamiento y una superioridad frente a la comprensión. Y esta relación hostil a menudo se deriva de las preguntas que los vendedores hacen a sus clientes potenciales. A continuación, presento 12 preguntas que el inexperto en ventas pregunta de forma errónea, por qué deben dejar de hacerlas o al menos, reformularlas.

1) ¿Cuál es su presupuesto? / ¿Cuánto está dispuesto a gastar?

Los compradores suelen mentir a los vendedores sobre su presupuesto, porque sienten que es el primer paso necesario en una negociación. Y ¿por qué necesita saber si tiene el dinero? Recuerde lo que siempre he dicho, la gente siempre tiene el dinero, pero no para usted. Siempre el dinero aparece, lo que sucede es que usted es el que piensa que no lo tienen. Si el comprador ha comprado antes lo que usted está vendiendo, de seguro van a tener dinero para gastar nuevamente. Si no lo han hecho, ¿cómo van a saber qué precio es justo si usted ya está preguntando por presupuestos?

En lugar de exigir un presupuesto de buenas a primeras, los vendedores profesionales se esfuerzan por comprender el proceso de compra del prospecto y su tolerancia al gasto. Basta con preguntar sobre cómo es su proceso de compra en profundidad y obtendrá mucha mejor información que preguntar específicamente sobre el presupuesto.

2) ¿Es más importante el precio o la calidad?

Qué vergüenza seguir escuchando esta pregunta por parte de los vendedores. Si lo que vende usted es precio siga adelante que a su prospecto poco le importa. Usted debe decidir pronto si lo que usted vende es precio o lo que vende es un producto o servicio es decir valor a sus clientes. Nosotros los vendedores profesionales estamos ahí para generar valor a los clientes. Sus prospectos, naturalmente, asociarán una determinada cantidad de valor con "lo que se supone que el producto o servicio cuesta", por lo que un buen vendedor tratará de comprender este punto de vista y discutir los precios a partir de ahí.

3) ¿Es usted quien toma la decisión?

Primero que todo es ofensivo y usted debería de saber si es o no es. Además, es una mala pregunta, ya que no es clara. ¿Estás preguntando si es quien toma las decisiones para pasar al siguiente nivel en el proceso de compra? o está preguntando ¿si es quien firma el cheque? Esto coloca a su prospecto en una situación de ego. Nadie quiere sentirse como si es sólo un súbdito.

En su lugar, mejor averigüe quienes están involucrados en todo el proceso. Incluso el CEO recibe el aporte de otros (o, al menos, él o ella debería). Esto revelará todos los factores de influencia relevantes, los interesados, los accionistas y la toma de decisión final.

Los vendedores necesitan identificar los tomadores de decisiones para que puedan trabajar con estas partes interesadas en todo el proceso de compra. Con demasiada frecuencia, lo dejamos a otros para vender nuestros productos y servicios a los ejecutivos, porque no hemos podido participar adecuadamente ellos.

4) ¿Cuál es su necesidad?

Usted no recibirá la respuesta simplemente preguntando. La mayoría de los vendedores dejan de hacer preguntas por múltiples paradigmas en su cabeza. Piensan, "Si esto no sale bien, voy a ser despedido." Sin embargo, la necesidad tiene sus raíces en la emoción. En este ejemplo, la necesidad no es el potencial de llegar a ser despedido, es la emoción asociada a ser despedido.

Todo lo que compramos se compra emocionalmente. El 95% de nuestras decisiones de compra son netamente emocionales, así que a menos que conozca la necesidad, ¿cómo puede realmente ayudar? Trate de entender la necesidad emocional subyacente del cliente potencial para ayudarle a realizar un cambio hacia su producto o servicio.

5) ¿Qué tan buenos son sus productos y servicios?

Esta es una pregunta que en el pasado buscaba averiguar si su producto o servicio se comprometía a mejorar los resultados del negocio del cliente potencial. Sin embargo, si usted se presenta de esta manera, prepárese para una respuesta sesgada.

¿Cómo puede obtener una respuesta honesta? Haga preguntas en torno a cómo va el negocio desde una perspectiva de un tercero, o frente a la competencia. Por ejemplo:

Cuando se pierde, ¿por qué se pierde?
¿Qué dicen sus amigos o familiares (o clientes también) sobre sus productos y servicios?
¿Qué porcentaje de su negocio son referidos?

6) ¿Qué tan estratégico es usted?

Aunque no lo crea muchas veces usted como vendedor ha realizado esta pregunta sin darse cuenta. Obviamente el ego no permitirá que su prospecto le responda "nada" (incluso si esa es la verdad). Por otro lado, si muestra su vulnerabilidad, es probable que culpe a la empresa o a terceros por su falta de estrategia (lo cual demuestra que no son verdaderamente estratégicos).

En lugar de hacer esta pregunta, simplemente escuche las respuestas de su prospecto a otras preguntas que usted formula. Le garantizo que va a descubrir si son o no estratégicos sin tener que preguntarlo.

7) ¿Le paso una propuesta o una cotización?

Regularmente es tiempo perdido. Cuando se hace esta pregunta, es probable que lo dejen por fuera de una de dos maneras. Se la solicitan por una formalidad con usted o le pueden responder "Estoy contento con mi proveedor actual" o "No quiero hacerle perder el tiempo."

Cuando se la solicitan muy seguramente van a usarla para consultar el precio con su proveedor actual. Su propuesta funciona entonces como Intel para la competencia. Por último, su prospecto podría solicitar su propuesta simplemente para quitárselo del camino.

Una propuesta debe ser simplemente un resumen de las expectativas que ambas partes ya han acordado. Sólo debe ser enviada una vez que haya acordado el alcance, la fijación de precios, horarios, etc., y sirve como documentación para que se complete el trabajo. La propuesta no es la que vende es usted. No lo olvide.

8) ¿Puedo mostrarle nuestras capacidades? / ¿Quiere una presentación?

Si usted está presentando, usted no está vendiendo. Usted está presumiendo. No presuma; persuada.

9) ¿Es este un buen momento para llamarlo?

Otra pregunta que da vergüenza que la sigan haciendo sobre todo por teléfono ¿Usted piensa que sus prospectos se sientan en sus oficinas a esperar su llamada? Nunca hay tiempo para nada, pero su cliente puede apartar un espacio para usted porque usted le genera valor. Además, esta pregunta le da su prospecto una salida fácil. Aquí es donde tener buenas preguntas para sus clientes hace que capture su atención y los persuada para venderles lo que usted ofrece.

10) ¿Qué nivel de servicio está dispuesto a pagar?

Esta pregunta implica que su relación con su prospecto es sólo cuestión de dinero. Las ventas se tratan de equilibrar lo que los prospectos dicen necesitar con lo que realmente desean. Sus preguntas deben darle suficiente información sobre la situación de su prospecto para que puedan encontrar las soluciones adecuadas.

Cree valor, no presupuestos. Si su empresa definitivamente ofrece múltiples niveles de servicio, haga las preguntas pertinentes con el fin de hacerle una recomendación no preguntándole si tiene con qué pagarlo.

11) ¿Qué puedo hacer yo? / ¿Qué se necesita para ganar su negocio (que me compre)?

Esto lo prepara para el fracaso porque usted se coloca como un toma pedidos. El prospecto le dirá en ese momento lo que se necesita para obtener su firma y continuará dándole órdenes y de eso no trata cuando de ganar el negocio estamos hablando. Esta pregunta también implica que cualquier persona podría hacerlo. Es el desespero de un vendedor rogando por una firma.

Llegue a conocer a profundidad el negocio de su prospecto, sus deseos, y cómo puede usted ayudar a alcanzarlos. Si tiene sentido trabajar juntos, que bueno. Si no es así, siga adelante.

12) ¿Está siendo sincero conmigo?

¿A quién le importa? Usted es quien tiene el poder de averiguarlo y a través de las preguntas inteligentes y persuasivas que usted haga no tendrá necesidad de hacer esta y otras preguntas innecesarias.

Un vendedor profesional no tiene prácticamente ningún límite en su potencial de ingresos, pero se necesita más que la práctica para alcanzar la maestría. Los mejores vendedores desarrollan continuamente y refinan sus habilidades de ventas a través del aprendizaje o con la ayuda de un coach, un manager, o por su cuenta.

¿No le parece que hacer buenas preguntas es una de las seis habilidades más críticas?

He aquí algunas sugerencias para ayudarle a pensar en sus preguntas:

Ponga siempre las necesidades de su cliente en primer lugar. Con esto quiero decir que siempre piense en preguntar antes que en responder.

Detenga su instinto por responder. Es natural en cada uno de nosotros el deseo de expresar nuestra opinión y hablar. Pero recuerde que usted no está en una visita de ventas, usted está frente a un cliente y se encuentra en una entrevista comercial. Deténgase, pregunte, analice y ajuste su respuesta a la medida antes de responder. Este punto lo desarrollaré en profundidad en la lección 9.

Siempre formule una pregunta más. Póngase como objetivo aprender siempre una cosa más con cada cliente.

Y no olvide: "El signo de interrogación es la puntuación más importante dentro de la gramática de las ventas".

Lección 9

Desarrolle un diálogo de necesidades en profundidad

Pregúntese: "¿Cómo respondo cuando un cliente realiza un comentario, hace una pregunta o una objeción?". La mayoría de los vendedores contestan con una respuesta, pero existen varias opciones.

Cuando un cliente se dirija a usted, no responda inmediatamente con una respuesta. En vez de convertirse en la persona que tiene todas las respuestas, en el sabelotodo, analice el comentario o la pregunta, y cuando lo encuentre apropiado trate de averiguar más simplemente preguntando por qué. Dedique un momento para demostrar su interés y ponerla en consideración.

Piense en esta simple situación. El cliente pregunta: "¿Y viene en un color más neutro?". El vendedor promedio siempre responderá esta pregunta y puede hacerlo:

"Sí, viene en (...)" (enfoque sobre el producto, no

sobre la necesidad).

"No, sólo hay éste (…)" (darse por vencido antes de identificar las necesidades).

"Pero es el que está de moda" (contradicción).

"¡Ah! ¿lo que intenta decirme es que no le gusta el color?" (actuar a la defensiva sin escuchar)

"Si se lo consigo en color (…), ¿usted entonces lo compraría?" (la técnica de "Sí/entonces" lo lleva al cierre inmediatamente antes de que las necesidades o las resistencias hayan sido comprendidas).

"Bueno, la calidad es (…)" o "¿qué piensa de la tela?" (cambiando la plataforma).

"¡Ah! ¿El color es demasiado brillante?" (interpretación, traducción, suposición/colocación de palabras en boca del cliente).

"La mayoría de los clientes lo encuentran muy neutro" (ignorar la objeción).

"Muchos de mis clientes sienten lo mismo que usted" (reforzar la objeción).

"Bien, no estoy seguro si le gustaría un color más oscuro, sin embargo tenemos (...)" (contar versus chequear).

En cada una de estas respuestas, el vendedor está tratando de evadir la objeción. Sin ninguna explicación o conocimiento y recibiendo más información (pregunta), las respuestas son a la defensiva o enfocadas en sí mismo y no en el cliente. Utilizando el reconocimiento y una pregunta, el vendedor pudo haberse conectado, aprendido más y haber sido más persuasivo. Un ejemplo ilustra lo anterior.

La tendencia a responder está profundamente atrincherada en la mayoría de los vendedores. El cliente que pregunta "¿Por qué toma dos meses? Parece demasiado tiempo" puede ser resuelto con: "Porque dependemos del proveedor". Sin embargo, usted puede ser el vendedor que se relaciona mejor con su cliente y cierra más ventas diciendo: "Dos meses pueden ser demasiado. Puedo preguntarle: ¿cuál es su inquietud acerca de los dos meses de entrega?". Y aunque usted no pueda hacer nada respecto a los dos meses de entrega, su diálogo ha sido enfocado hacia el cliente y demuestra su buena voluntad de entender la necesidad del cliente.

He aquí algunas ideas que pueden ayudarle a crear un efectivo diálogo de necesidades:

Vaya despacio. De las carreras no queda sino el cansancio dice el adagio. Y es verdad, no se precipite a ofrecerles una respuesta a todas las preguntas que su cliente formula. Recuerde no caer en el modelo del vendedor sabelotodo.

Utilice el reconocimiento. Introduzca sus preguntas mediante un sincero y detallado reconocimiento de lo que su cliente ha dicho (no parafraseando), para animar a su cliente a responder.

Sea curioso. Siempre pregunte ¿por qué?

Es importante recordar esta frase: "Preguntar efectivamente es la mitad de la labor de ventas".

Lección 10

Enfóquese en qué tan hábilmente hace usted las preguntas

Por supuesto, la mayoría de los vendedores hacen preguntas, pero ¿cuál es la calidad, el alcance y el impacto de esas preguntas?

Las preguntas en las ventas son cruciales. Comience por planear las preguntas que va a formular. Si usted no está seguro de qué preguntas hacer, asesórese de su jefe, un compañero de trabajo, un colega o un especialista.

La forma en que usted pregunta es tan importante como lo que usted pregunta. Formular preguntas efectivamente requiere habilidad, disciplina, conocimiento y confianza en sí mismo. Usted no querrá sonar como si fuera un abogado de la Inquisición frente a su cliente o prospecto.

Mientras usted desarrolla sus preguntas, piense en la estructura, la velocidad y las tácticas que usará para mantener el diálogo activo y abierto.

La manera en que usted se exprese, posicione y ordene sus preguntas, tendrá un impacto en qué tan complaciente su prospecto estará en participar dentro del diálogo y en lo que usted sea capaz de aprender. Compare estas dos preguntas: "¿Quién toma la decisión?" y "Una vez usted lo haya revisado, ¿qué más intervendrá en su proceso de decisión?". La primera pregunta prácticamente le ordena al cliente a dar una respuesta corta, rápida y, posiblemente, incompleta y engañosa respuesta. La segunda pregunta, puesto que inmediatamente reconoce el papel del cliente, es más apropiada para obtener una mejor y más adecuada respuesta e información.

Introduzca sus preguntas para lograr un mejor diálogo. Como una dirección de sus preguntas, para motivar al cliente a compartir la información, introduzca con el reconocimiento. Por ejemplo: "Comprendo que lo hace perder tiempo ¿y ahora cómo está manejándolo?".

Cuando se trata de situaciones más emotivas o emocionales, usted puede introducir las preguntas con empatía: "Lo siento mucho por la confusión que ha causado, ¿qué sucedió?".

Usted puede también introducir las preguntas con un beneficio para el cliente, como: "Entonces, ¿puedo tomar las necesidades de cada región en consideración, como esta localmente (…)?". Negociar es otra excelente forma de introducir las preguntas, intercambiando información: "Nuestros especialistas nos dicen que hay una baja en (…) ¿Cómo afecta esto sus planes?".

Si no desea que sus ofertas se estanquen o terminen en nada, asegúrese de establecer la urgencia. La urgencia les da a sus clientes potenciales una razón para avanzar y superar la inercia. Ayúdelos a comprender por qué todos los días, semanas o meses sin su producto, perjudican a su negocio, por lo que se ven obligados a actuar lo antes posible.

Su producto o servicio podría ser una gran opción para su cliente potencial. Está dentro de su presupuesto, le ofreció el descuento perfecto, debería ser un éxito. Pero a menos que sientan una sensación de urgencia, su prospecto no comprará.

Entonces, debería crea algo de urgencia. ¿No es así?

Incorrecto. Como estratega en ventas y mercadeo, tengo una opinión fuerte sobre "crear" urgencia.

En lugar de fabricar una causa para actuar, lo cual no es útil para su cliente potencial y finalmente será contraproducente, encuentre una razón existente de la que no están conscientes o que no reconocen aún.

Haga las preguntas correctas; como las que planteo a continuación, y haga que su cliente potencial se dé cuenta de que no está satisfecho o que no está contento. Y si sus preguntas no los llevan a esas conclusiones, acepte que todavía están en modo de educación y permita que su departamento de mercadeo los nutra hasta que sea el momento adecuado.

¿Cómo crear urgencia en las ventas?

Preguntar sobre su negocio

1) "¿Qué tan grande es la compañía hoy en términos

de ingresos anuales, número aproximado de clientes y número de colaboradores?"

Esta pregunta lo ayuda a calificar y a iniciar una discusión sobre cuán grande les gustaría ser en el futuro (y lo que actualmente está en el camino).

2) "¿La empresa está luchando, de modo estable o en modo de crecimiento? ¿Está creciendo la compañía más rápido que el promedio de la industria?"

Recuerde al comprador sus objetivos comerciales generales. Este es un buen vínculo con la forma en que su producto jugaría en su estrategia.

3) "Muchas de las personas en su mismo cargo con las que hablo no saben (hecho o dato sorprendente). ¿Lo sabía?"

El método de venta en que el vendedor desafía al cliente con sus ideas preconcebidas para enseñarle algo nuevo: no sólo aumentará su credibilidad y autoridad, sino que también descubrirá la urgencia de forma natural. El comprador querrá actuar sobre esta información lo antes posible.

Pregunte sobre sus puntos más dolorosos

4) "¿Cuál es el problema que está buscando resolver?"

El comprador podría centrarse en un punto de dolor diferente al que usted cree. Utilice esta pregunta para descubrir si están en el camino correcto. A veces, los prospectos intentan abordar los síntomas en lugar de la causa, por error.

5) "¿Por qué ahora es el momento adecuado para resolverlo?"

Preguntar por qué ahora es el momento para resolver este problema le da una idea temprana de cuánta urgencia tiene su cliente potencial. Si aún no es un problema urgente, puede llevarlos a darse cuenta de que sí lo es.

6) "¿A quién o a qué afecta más este problema?"

Puede ser su jefe, ellos mismos o la compañía, pero hacer esta pregunta les permite considerar los costos humanos o comerciales de no abordar este problema rápidamente.

7) "¿Está el problema claramente definido?"

Aprenda cuánto tiempo han dedicado a investigar el problema. Sugerencia: cuanto más claramente lo hayan aislado, más comprometidos estarán probablemente en solucionarlo.

8) "¿Ha tenido este problema antes?"

Descubra cuán persistente es su prospecto en tratar de solucionar problemas que usted y su producto o servicio pueden ayudarle a solucionar.

9) "¿El problema es fácil o difícil de abordar?"

Lo más probable es que el prospecto diga que es el

último. Si fuera fácil de resolver, ya lo habrían abordado y solucionado.

10) "¿Cómo afecta este problema a los ingresos, la rentabilidad, la cultura o el ciclo de productos del negocio?"

Esta pregunta resalta las implicaciones más grandes de lo que está yendo mal.

11) "¿Este problema afecta a mucha gente?"

Haga que su cliente potencial piense qué tan extendidos están y serán los efectos de no tomar una decisión con su oferta para solucionarlo.

12) "¿Tiene la tarea de resolver este problema como parte de su trabajo habitual, o es una tarea especial?"

Si su cliente potencial dice: "Es parte de mi trabajo", asegúrese de vincular su rendimiento general a la solución de este problema. Si dicen: "Es una tarea especial", entonces ya existe una verdadera urgencia: necesitan identificar una respuesta antes de una fecha determinada.

Pregunte acerca de las consecuencias de no comprar

13) "¿Qué pasa si resuelve el problema? ¿Qué sucede si no lo haces?"

Esto naturalmente lleva al comprador a comparar la vida con su producto y su vida sin él. El segundo suele ser mucho menos atractivo.

14) "¿Cuándo necesita comenzar a ver los resultados de implementar la solución?"

El prospecto probablemente adore ver los resultados de inmediato. Su respuesta los ayudará a darse cuenta de por qué el tiempo es esencial.

15) "¿Cuál es la única cosa que, si pudiéramos ayudar a resolverlo rápidamente, tendría el impacto más significativo en la compañía?"

Una vez que haya identificado una gran oportunidad para ayudar, la urgencia surgirá naturalmente.

16) "¿Cómo le afectaría personalmente este problema?"

Conocer los motivadores individuales del comprador puede hacer o romper el trato.

17) "¿Cómo afecta esto a su jefe?"

Cuando el jefe del cliente potencial está contento, están felices. Conecte los puntos entre su solución y su supervisor.

18) "¿Qué pasa si sigue haciendo lo que está haciendo?"

Es mucho más fácil seguir con el statu quo que realizar un cambio, incluso si las ramificaciones a largo plazo podrían hundir el negocio del cliente potencial. Con esta pregunta, les pedirá que acepten los peligros de ignorar el problema.

Pregunte cómo les afecta el problema

19) "¿Cómo podemos hacer que se vea como una estrella en su empresa?"

Esta pregunta lo convierte en el socio del cliente potencial, en lugar de sólo su representante. También lo ayuda a identificar cómo su producto puede ayudar a que sea reconocido en su oficina.

20) "¿Qué debe hacer / a qué objetivos debe llegar para obtener un ascenso?"

Esta pregunta revela por qué el comprador está personalmente interesado en encontrar una solución.

21) "¿Cómo le afecta este problema día a día?"

La mayoría de los profesionales soportan puntos dolorosos molestos o perjudiciales. Tan pronto como muestre al prospecto que hay una forma mejor y más fácil de solucionarlos, estarán más ansiosos por comprar.

22) "¿Cómo afecta este problema a (nombre del departamento)?"

Haga que se alejen y visualicen el impacto en toda la organización.

23) "Si ya no experimentara este dolor, ¿en qué proyectos / prioridades podría enfocarse?"

Esta pregunta hace que el comprador visualice un mundo donde tenga tiempo, energía y recursos para las tareas o iniciativas que le interesan a él y a su empresa.

24) "¿Cuál es el aspecto más frustrante de este problema?"

Una vez que sepa qué está motivando a su cliente potencial, puede posicionar su producto o servicio como corresponde.

25) "¿En qué (proyectos, campañas, iniciativas) está trabajando actualmente? ¿Cómo influye (el desafío) en sus planes? "

Esta es otra forma de aprender cómo el punto de dolor interfiere u obstruye su trabajo diario.

26)" ¿Qué problemas surgen con más frecuencia en las reuniones ejecutivas? "

Si el CEO - Gerente General se preocupa sobre un problema, su prospecto también lo estará.

27) "Qué problemas lo mantienen en la oficina hasta tarde? "

Averigüe en qué problemas el comprador no tiene

una respuesta fácil.

28)" ¿Qué temas surgen una y otra vez en su empresa?"

Si bien no todas las empresas usan el conocimiento interno como base, pregunte a quienes si lo hacen sobre los temas y problemas más comunes, para ayudarlo a identificar las cosas más emocionantes, visibles o desafiantes que enfrentan.

Pregunte sobre la competencia

29) "¿Su industria se está volviendo más competitiva?"

La mayoría de las industrias sí lo son. Aproveche la conciencia de su cliente potencial de que necesitan actuar para mantener su ventaja u obtener una para permanecer en primer lugar.

30) "¿Está preocupado por (competidor específico)?"

Descubra quién está pisando los talones de su prospecto, y luego muéstreles cómo su solución ampliará la brecha a su favor.

31) "¿Alguna vez ha tenido la sensación que (las personas en el departamento o área del cliente) están perdiendo (tiempo, esfuerzo, clientes potenciales, presupuesto)?"

Mitigando (o incluso eliminando) las ineficiencias en el departamento o área del comprador sería una gran victoria. Ábrale los ojos a la posibilidad de una solución con su oferta de producto o servicio.

32) "¿Alguna vez ha perdido inesperadamente a un cliente importante?"

Ya sea que la respuesta sea sí o no, esta pregunta funciona. Si su prospecto ha pasado por esta situación, estará ansioso por tomar precauciones para que no vuelva a suceder. Si a su prospecto no lo ha sucedido, las ruedas comenzarán a girar: Vaya, sería realmente malo si el 20% o 50% de su negocio desapareciera de un solo golpe.

33) "¿Cómo afectaría, (perjudicaría) la pérdida de ese cliente al negocio?"

Logre que el comprador verbalice los efectos negativos de esa decisión, lo que lo impulsará aún más su deseo de evitar una catástrofe.

34) "¿Cómo evita quedar atrapado en una guerra de precios?".

Es probable que su prospecto adore encontrar un diferenciador que lo salve de una guerra de precios a la baja. Solo necesita explicar por qué su producto es ese diferenciador.

35) "¿Sus clientes le están solicitando (funciones / servicios) que no tiene?"

Si sus clientes están pidiendo algo que el negocio de su cliente potencial actualmente no puede ofrecer, eso es pedirle a un competidor que lo haga él. Si puede hacer que su cliente potencial piense sobre lo que no tiene y cómo puede ayudarlo a obtenerlo, esa es una buena forma de inspirar urgencia.

Pregunte sobre los siguientes pasos

36) "¿Le interesaría hablar con (Cliente), quién experimentó un (X%) de utilidades con nuestra (solución, producto o servicio)? "

Escuchar que alguien que obtuvo resultados fantásticos con su producto o servicio impulsará a su cliente potencial a tomar la decisión. No lo olvide como siempre lo he afirmado en mis libros y conferencias: "los hechos hablan, pero las historias son las que venden". Piense en eso.

37)" Quizás sería útil para usted hablar con alguien que (tuvo esta experiencia recientemente, se enfrentó a X desafío similar, resolvió el mismo problema). ¿Qué opina? "

Si es demasiado pronto en el proceso de venta para referencias, sugiera una conversación de intercambio de conocimientos en su lugar. Todavía está conectando al comprador con un cliente satisfecho, pero sus experiencias compartidas son el centro de atención, no su producto.

¿Lo bueno de esta técnica? No sólo es útil para el prospecto y su cliente, sino que en algún momento durante la conversación se hará necesario que muestre su solución al otro.

38) "Si proporcionamos toda la información que necesita en las próximas 24 horas, ¿tendrá tiempo? para revisarlo y comenzar el (fecha próximamente)?"

Ponga a prueba el compromiso de tu cliente potencial para actuar con esta pregunta. Si dicen que no están listos, no se muestre agresivo; en su lugar, pregunten qué más necesitaría para tomar una decisión.

39) "Si envío el contrato cuando colguemos, ¿pueden devolvérmelo firmado en (¿seis días a partir de la fecha actual)?"

Como experto consultor de ventas, siempre animo a los vendedores a cerrar de esta manera. Normalmente, el comprador dice que necesitará más tiempo, en ese momento usted dice, "Está bien, ¿puede hacer (el paso preliminar) para esa fecha?"

Ellos dirán que sí, y ahora han llegado a un acuerdo concreto para progresar en el trato dentro de la semana. (Ajuste la fecha en función de su ciclo de ventas. Si generalmente dura dos semanas, pregunte si pueden firmar la propuesta ese día. Si dura de 10 a 12 meses, pregúnteles si pueden firmar la propuesta en tres semanas).

40) "Defíname su fecha para resolver el problema y obtener los resultados correctos".

Asegúrese que las expectativas de su cliente potencial se alineen con la realidad. Es posible que deba acelerar el proceso de ventas para cumplir con su cronograma.

41) "¿Cuándo debe resolverse este problema para

evitar un impacto negativo en el negocio?"

Obtenga un plazo firme para la compra. Explique al cliente potencial que debe prepararse durante unos días, semanas o meses antes de esta fecha límite para protegerse contra las demoras.

42) "¿Hay temporadas en su negocio? ¿Tiene una temporada alta o baja? ¿Necesita resolver este problema antes de estas temporadas? "

Para los prospectos afectados por la estacionalidad (como la educación, el turismo y el entretenimiento), puede ser crítico conseguir una solución mientras el negocio está relativamente más lento.

43) " Si podemos encontrar una solución antes, ¿Eso cómo le ayudaría? "

Solucionar un problema más temprano que tarde es casi siempre algo bueno. La mejor parte de esta pregunta es que el comprador pone esos beneficios en sus propias palabras.

Y no lo olvide, haga las preguntas correctas y logre que su cliente potencial se dé cuenta de que no está satisfecho o que no está contento, antes de hacer su oferta y asegurarse de que tiene una respuesta excelente para las preguntas anteriores, se hace claro que usted está interesado en ellos como una persona y lo que tienen que decir. Y eso es lo bueno de la venta estilo desafío (a las creencias preconcebidas de los clientes).

He aquí algunas sugerencias para fortalecer la forma en que usted formula las preguntas:

Estructure sus preguntas. Desarrolle el hábito de formular simultáneamente preguntas abiertas y preguntas cerradas para crear un diálogo más concreto. Las preguntas cerradas resultan la mayoría del tiempo en respuestas de *sí* o *no*.

Mida la velocidad de sus preguntas. Formule sólo una pregunta y no muchas al mismo tiempo. Cuando el cliente se confronta con varias preguntas a la vez, probablemente no responderá todas las preguntas o no entregará las respuestas completas. Trate de no responder usted mismo las preguntas que formular o de darle a su cliente las respuestas para escoger. Pregunte y permanezca en silencio.

Realice preguntas de profundización. Después de que el cliente responda, profundice sobre la respuesta para obtener más información. Esto le permite reforzar al cliente lo que ha dicho o dar una idea más precisa acerca de su respuesta.

Y recuerde: hay que darle tanta importancia a la manera como realiza las preguntas así como a lo que usted pregunta.

Lección 11

Escuche eficazmente

Escuchar en ventas equivale a un lente *zoom*. Escuchar eficazmente no es lo mismo que escuchar eficientemente. Escuchar eficazmente le permite demostrar interés, conectarse con su cliente y obtener un entendimiento completo de las necesidades de éste.

La mayoría de los vendedores escuchan eficientemente. Escuchan lo que creen importante. Escuchan con oído de hablar versus absorber, y determinan. Mientras un pequeño porcentaje de vendedores escuchan, la mayoría se preocupa sólo por estar activo dentro de la conversación, generando prácticamente un monólogo.

Escuchar eficazmente va más allá de esto. Quienes escuchan no sólo se mantienen dentro del diálogo sino que prestan muchísima atención y un alto grado de intensidad dentro del mismo. Escuchan todo el contenido y ponen especial atención al tono de voz, la velocidad y el énfasis que el cliente hace. Mantienen un contacto visual permanente y/o de reconocimiento. Escuchan con oído de preguntar/integrar. Ponen mucha atención al lenguaje corporal y ponen a prueba el mensaje verbal del cliente contra lo que ellos leen. Sus preguntas de seguimiento le dicen al cliente que ellos están escuchando. Son sensibles a los mensajes que comunican con su propio lenguaje corporal.

Otra forma en que demuestran que están escuchando es tomando notas de toda la información clave que escuchan. Tomar notas parece un arte casi perdido, al igual que leer, pero una buena toma de notas es fundamental para recomendar soluciones y son invaluables en la creación de propuestas ganadoras y del seguimiento intachable.

Escuchar es una de las seis habilidades esenciales para lograr un diálogo efectivo. De hecho, cuando les pregunto a los mejores vendedores acerca de sus habilidades y cómo venden, la mayoría coincide en que escuchar es su habilidad más desarrollada y fuerte.

Palabras ambiguas promueven un entendimiento erróneo de las necesidades y un mal criterio para tomar decisiones. Escuchar con atención palabras o ideas clarifica y anula los malos entendidos. Clarificar no sólo le entregará mejor y mayor información, sino que usted puede transformar lo que sería una solución genérica en una a la medida, y muy persuasiva.

Por ejemplo, si un cliente dice "Francamente, estaba muy impresionado con su competencia", usted puede obtener invaluable información si pregunta: "Entiendo que usted estuvo hablando con el señor *X*. ¿Qué lo *impresionó* exactamente?". Si el cliente pregunta "¿Es demasiado *enriquecido* para nosotros?", pregunte en voz baja: "¿*Enriquecido*? ¿Qué quiere decir?". Si el cliente dice "Tengo mis *dudas* acerca de *X*", pregunte: "Comprendo que usted no se siente cómodo para seguir adelante. ¿Qué le causa esas dudas?". Si un cliente le dice "Usted no es *consistente*", reconozca y encuentre el porqué. *Impresionado, enriquecido, dudas,* y *consistente* son palabras que deben clarificarse.

He aquí algunas estrategias para ayudarle a escuchar eficazmente más que efectivamente:

Escuche el contenido. Entrene sus oídos para escuchar lo que es importante para el cliente y clarificar y explorar todas las palabras ambiguas.

Escuche los énfasis y las emociones. Las palabras que el cliente subraya con su voz o que pronuncia con emoción son aquellas que debe anotar y profundizar. Este tipo de palabras pueden guiarlo hacia más y nuevas necesidades personales.

Utilice su lenguaje corporal. Escuche con sus ojos así como con sus oídos. Lea el lenguaje corporal de su cliente; de esta forma puede intuir cómo se siente acerca de la situación, confundido, exaltado, involucrado o desprendido. Siempre valide y verifique.

Y recuerde: escuche para aprender. Quienes mejor escuchan son los mejores vendedores.

Lección 12

Posicione su mensaje

Posicionamiento es una de las seis habilidades críticas que todo vendedor debe poseer y le permite relacionar sus capacidades con las necesidades del cliente. La forma de posicionar es comunicarle al cliente su producto, aunque debe ser más que eso, más que una presentación genérica del producto.

El conocimiento que usted tenga sobre su producto o servicio es fundamental en este punto. Comunicar de forma correcta su mensaje y saber cómo personalizarlo de manera que se ajuste adecuadamente a las necesidades de su cliente es crucial a la hora de hacer negocios.

El primer nivel de posicionamiento es *desarrollar un núcleo* que sea claro, enfocado hacia el cliente y suficientemente gráfico. Usted debe saber lo que quiere comunicar y usar las palabras y las imágenes que el cliente pueda entender y relacionar.

El segundo nivel de posicionamiento es *integrar las necesidades* del cliente dentro de un mensaje personalizado que se ajuste correctamente a su cliente. Utilice sus habilidades más importantes y creativas para entender las necesidades del cliente, el lenguaje y las perspectivas para generar el enlace con su oferta.

Para posicionar su mensaje:

Integre y comience con una recapacitación concisa de las necesidades ("Hemos estado discutiendo sus objetivos con respecto a (…)").

De forma concisa, precisa y gráfica posicione las características y los beneficios de sus recomendaciones ("Basados en nuestra discusión (…) podemos (…) y de esta forma usted (…)").

Finalmente, realice preguntas de verificación y obtenga retroalimentación ("¿Cómo le parece esto?").

Existe un tercer nivel de posicionamiento. Mientras usted aprende más durante el proceso de ventas, incorpore en su mensaje lo que usted ha aprendido y lo que está sucediendo mientras se mueve a través del ciclo de ventas. Por ejemplo, si usted presenta una propuesta a quienes toman la decisión, debe entonces incorporar lo que aprendió allá y reposicionar su mensaje cuando usted presente su propuesta a los que toman la decisión.

Puede usar el posicionamiento durante el diálogo, en cualquier momento que usted quiera persuadir. He aquí un par de ejemplos:

Cuando formule una pregunta para ganar acceso: "(…) usted ha sido de mucha ayuda en nuestro entendimiento (…) cuando estuve hablando con nuestro experto (…)

nos gustaría tener una reunión con la cabeza de IT y usted y de esa forma construir una estrategia para nuestra presentación" versus "Nos gustaría reunirnos con su jefe".

Cuando discuta sobre las capacidades: "Nuestro (...) le permitirá obtener información de sus 30 sucursales globalmente antes de (...) y de esta forma (...)" versus "Nuestro (...) le permite (...) mediante (...)".

El valor del posicionamiento demuestra un enfoque hacia el cliente y hacia el conocimiento real del cliente.

Venderle al oído derecho

Si usted desea conseguir que alguien, ya sea su prospecto o su cliente tome una decisión sobre su oferta o alguna acción sobre sus palabras, háblele al oído derecho.

La investigación realizada por el Dr. Luca Tommasi y Daniele Marzoli de la Universidad Gabriele d'Annunzio en Chieti, Italia, demostró que no sólo tenemos una preferencia para el procesamiento de la información hablada a través de nuestro oído derecho, sino que las solicitudes u órdenes realizadas a ese oído son más propensos a tener éxito.

Tommasi y tres estudios de Marzoli observaron específicamente las preferencias de cada oído durante las interacciones sociales en entornos ruidosos especialmente en clubes nocturnos. En el primer estudio, se investigó a 286 personas mientras hablaban, con música a todo volumen en el fondo. En total, 72 por ciento de las interacciones se produjo en el lado derecho del oyente.

En el tercer estudio, los investigadores se dirigieron intencionalmente a 176 personas en clubes con volumen extremadamente alto, ya fuera a su oído derecho o su oído izquierdo para pedir un cigarrillo. Obtuvieron significativamente más cigarrillos cuando les hablaron al oído derecho en comparación que cuando lo hicieron a su izquierdo.

Por supuesto, la mayoría de las ventas no suceden por que usted se dirige a un oído en vez de otro, pero desde que conozco este estudio me he llevado gratas sorpresas al usar esta técnica de ventas.

Les comparto algunas aplicaciones prácticas según lo he comprobado:

1. Al escoger un lugar donde sentarse, ya sea a tomar algo con su prospecto o cliente o en una sala de juntas u oficina, es clave que el vendedor estratégicamente se ubique a la derecha de quien toma de decisiones.

2. Al diseñar una oficina o sala de ventas, aunque la mayoría de las entrevistas en una oficina típica serán casi siempre cara a cara y binaural, sería aconsejable evitar los diseños de asientos en los que el vendedor quede ubicado hablando al lado izquierdo de la perspectiva.

3. La mayoría de nosotros hemos estado en las recepciones de redes (networking), ferias y otros eventos en los que uno tiene que hablar al oído de alguien para hacerse oír por encima música fuerte u otro ruido de fondo. Mientras que los oyentes en general, ajustarán su

posición para que uno esté cómodo, tenga en cuenta la preferencia lateral derecha al iniciar una conversación. Esta situación es bastante similar a la utilizada por los investigadores, y tuvieron significativamente más éxito cuando se inicia el contacto a través de la oreja derecha.

Lo que más me gustó de esta investigación de neuromarketing, específicamente de neuroventas es que no se llevó a cabo en un laboratorio estructurado, artificial, sino en un lugar del mundo real con individuos desprevenidos. Esto obviamente aumenta la probabilidad de éxito al poner estos resultados en práctica.

He aquí algunas estrategias para ayudarle a posicionar su mensaje de forma persuasiva:

1.Identifique el mensaje que quiere comunicar. Practique cómo describirá sus capacidades. Asegúrese de que el núcleo de su mensaje está orientado hacia su cliente, es conciso, preciso y gráfico.

2.Actualice su mensaje constantemente. Considere los cambios en su compañía y la situación de su cliente, las necesidades y percepciones.

3.Posiciónese eficazmente. Resuma los beneficios clave de forma concisa, para guiar su mensaje o recomendaciones; integre dentro del núcleo de su mensaje las necesidades específicas de su cliente que no hayan sido cubiertas, de una forma concisa y gráfica.

Y recuerde: "El medio es el mensaje". Usted es el medio del mensaje de su empresa.

Lección 13

Analice su competencia

Usted siempre va a enfrentar una dura competencia. La competencia es excelente, sin ésta no lograríamos ser cada vez mejores. La competencia es la responsable de que los productos y servicios y la forma en que llegamos a nuestros clientes siempre sea mejor.

Su tarea es conocer sus competidores y crear una estrategia competitiva. Sin importar cuanto conocimiento de mercado usted tenga desde su propia investigación o de su equipo de mercadeo (que por lo regular no es suficientemente completo como uno quisiera), es igualmente crítico comprender lo que realmente piensan sus clientes acerca de sus competidores, y de esa forma reconocer sus fortalezas y debilidades y posicionarse de forma eficaz con su cliente. Siempre recuerde hacerlo de forma que ni los denigre ni los promocione, equilibradamente.

Como parte de su preparación, aprenda lo más que

pueda acerca de sus competidores a través de Internet, archivos, colegas, libros, publicaciones, convenciones, eventos, ferias, reportes anuales, otros competidores y publicidad.

Una de las mejores fuentes acerca de su competencia y a la que nunca se recurre son los clientes. La mayoría de los clientes responderán preguntas como: "¿Y alguien más le está atendiendo? ¿Cómo se siente con esta persona? ¿Cómo ha sido su experiencia? ¿Qué es lo que más le gusta del trabajo con esta persona? ¿Qué cambiaría? ¿Cómo es su forma de acercarse a los clientes? ¿Para quién trabaja? ¿Con quién podríamos compararlo?".

Mientras usted escucha, no se ponga a la defensiva, simplemente guarde silencio y escuche. Jamás denigre de la competencia. Una crítica directa sobre su competidor refleja una mala actitud de su parte. De hecho, usted puede estar insultando a su cliente al referirse de una forma indebida de su competencia. En vez de esto, realice preguntas estratégicas y ayúdele al cliente a comparar.

Este ejercicio es simplemente para obtener información y de esa forma estar informado y poder sacar sus propias conclusiones. Recuerde lo que comentaba al principio del libro: nada es lo que parece. Uno puede creer que está haciéndolo muy bien, pero el cliente tiene la razón, es él quien sabe qué y cómo hacerlo.

Averigüe qué ofrece su competencia, cómo es la relación entre ésta y su cliente y a quién tiene acceso su competencia. Encuentre cómo se sienten sus clientes respecto a sus competidores y pregúnteles cómo está usted dentro de su clasificación. Determine igualmente cómo es su nivel de acceso al cliente y otros miembros del cliente

Hacer preguntas acerca de sus competidores le ahorra tiempo, dinero y negocios. Con una información competitiva, usted puede crear una estrategia competitiva, reforzando cómo y qué vende, colocándolo en una mejor posición en relación con su competencia. Igualmente, ganará retroalimentación de su competidor que usted puede introducir en su organización para desarrollar nuevos productos, mejorar los ya existentes, y producir estrategias competitivas más efectivas. Conociendo a fondo a sus competidores; estará en capacidad de desplegar todo su arsenal en contra de las "minas" que ellos colocan en su camino.

He aquí algunas ideas para contraponerse a los competidores:

Conozca a fondo a sus competidores. Desarrolle la mayor cantidad de información acerca de sus competidores y utilícela de forma estratégica para posicionarse contra ellos.

Colóquese en la misma perspectiva de su cliente. Sus clientes son la mejor fuente de información acerca de sus competidores. Siempre investigue cómo comparan a sus competidores con la percepción que tienen de usted.

Resalte con muchísimo tacto las debilidades de sus competidores. Cuando usted tiene una fortaleza competitiva o conoce en profundidad acerca de las debilidades de su competidor, antes de que usted exprese su punto de vista, formule una pregunta que guíe a su cliente hacia las debilidades de éste y entonces; y sólo entonces, posicione sus fortalezas.

Y recuerde: conozca las fortalezas y las debilidades de sus competidores y en dónde se encuentra usted dentro del mercado.

Lección 14

Utilice las objeciones para avanzar

Los clientes realizan objeciones por diversas razones. Para muchos vendedores, las objeciones son frustrantes, pero lo que no notan es que son una sana señal de compra, pues significa que su cliente está escuchando de forma crítica y considerada su oferta.

Las objeciones le proveen una gran oportunidad a usted de construir credibilidad, generar confianza y seguir adelante en el proceso de venta. De todas formas, la mayoría de los vendedores no maneja las objeciones de un modo estratégico. En cambio, sí adoptan una posición defensiva y tratan por todos los medios de argumentar o discutir con el cliente; lo cual produce en éste una posición defensiva y forma una barrera dentro del diálogo, si hubo uno. Otra respuesta muy común a las objeciones es sólo lo opuesto a ponerse a la defensiva: los vendedores se rinden.

Una opción para "pelear" o "escapar" a las objeciones es usar el reconocimiento y las preguntas para entender la objeción y obtener la información necesaria para persuadir a su cliente y lógicamente resolver la objeción.

La manera en que usted responda a las objeciones clave de su cliente, en últimas, determina si una objeción es una fuerza positiva o negativa dentro de la venta y si cierra las puertas a la oportunidad de cierre o si lo conduce a éste.

Los métodos tradicionales para el manejo de objeciones le entregan al vendedor una verdadera tarea para cambiar la forma de pensar de su cliente. Pero la mejor forma para responder a una objeción es pensar que usted es quien necesita más información.

Tradicionalmente se ha creído que el cliente necesita más información. Al utilizar el reconocimiento con su cliente y las preguntas, como forma para persuadirlo, éste se compromete con usted en un cooperativo esfuerzo por resolver el problema.

Recuerde que la mejor manera de persuadir es preguntando. En alguna oportunidad, asistí a una convención de vendedores en la cual se le preguntó al mejor vendedor de ese año su secreto del éxito y él respondió: "Empatía". Y es cierto, así de simple como suena: el reconocimiento y la empatía son elementos muy críticos cuando se está dentro de una entrevista comercial y se ha establecido un verdadero diálogo dentro de ésta. Dos herramientas muy poderosas a la hora de resolver objeciones.

El reconocimiento le dice su cliente: "Entiendo lo que me ha dicho". La empatía le dice: "Me interesa". El reconocimiento es altamente apropiado desde el principio hasta el final del diálogo, pero especialmente con las objeciones. La empatía es apropiada cuando el cliente está disgustado o la situación se torna un tanto problemática, personal, seria o emocional. Tanto el reconocimiento como la empatía demuestran interés y respeto por los sentimientos de su cliente.

Al resolver objeciones siempre recuerde que la mayoría de sus clientes conocen mejor sus propias necesidades que usted. Usted es un facilitador: su cliente es quien toma la decisión. Mantener dentro del diálogo la conexión entre el reconocimiento y empatía y además aprender más acerca de la objeción a través de las preguntas, producirá que usted deje de hacer suposiciones, estar a la defensiva, o darse por vencido.

Las emociones son algo muy poderoso. Según lo expuse recientemente en el preámbulo del EXMA, y basado en los hallazgos de mi último libro ¿Conoces a tus clientes? nuevos secretos para vender hoy, los prospectos toman las decisiones basados en el ROI (Retorno sobre la inversión) potencial, la facilidad de aplicación, y la probabilidad de que el producto o el servicio les ayudará a alcanzar sus objetivos, caprichos o deseos. Pero la emoción es el trasfondo de estas decisiones.

El miedo (que van a fallar o a perder), la esperanza (que los problemas del negocio pueden ser superados), y la frustración (que las cosas no son como las esperaba en este momento), estas emociones son tan importantes para la decisión de compra como las cifras, datos y hechos.

No se equivoque; la lógica y la razón obviamente que están presentes en las decisiones de compra. Sin embargo, hay algunos trucos durante la conversación que puede utilizar para apelar a las emociones y el intelecto de su prospecto. Por ejemplo, usar un lenguaje corto, y básico en lugar de frases complicadas. "Hay más" es más eficaz que "adicionalmente", mientras que "mejor" triunfa sobre "superior", de acuerdo con mis hallazgos.

Para ayudarle a convertir las objeciones en oportunidades:

Reconozca o demuestre empatía por las necesidades de su cliente. Reestructure la situación negativa colocando en palabras que usted comprende la objeción, no parafraseando. El reconocimiento o la empatía le abrirán el camino para reducir o eliminar la objeción, con una pregunta que usted puede dirigirla correctamente. No elimine su reconocimiento o empatía utilizando la palabra "pero".

Realice preguntas para encontrar más información acerca de la objeción. Las objeciones son usualmente generales y necesitan más claridad.

Posicione su respuesta. Sea conciso, específico y adecue su respuesta a las necesidades de su cliente. Repito: no hay dos clientes iguales. De usted depende cómo sea su respuesta. Luego realice una retroalimentación, formulando una pregunta para encontrar qué tan bien se resolvió la objeción.

Escoja sus palabras: La elección cuidadosa de éstas es esencial para el cierre de la venta. ¿Cuáles son las 10 palabras más eficaces emocionalmente que un vendedor puede utilizar? Aquí están sin ningún orden en particular.

Tú
Nuevo
Descubrir
Resultados

Probado

Ahorro

Salud

Seguridad

Garantía

Amor

Y recuerde: objeciones generales sólo obtienen respuestas generales.

Lección 15

Retroaliméntese con su cliente

La *verificación* es una de las seis habilidades críticas que un vendedor profesional debe dominar. Es el proceso de preguntarle a su cliente cómo se siente acerca de lo que usted ha dicho, antes de que usted continúe con el diálogo. Aunque es muy importante resumir necesidades de forma clara concisa y precisa, resumir no le ofrece lo que puede obtener mediante la verificación. Algunos vendedores recapitulan (hablan), pero muy pocos verifican (preguntan).

Realizar una retroalimentación para verificar es una herramienta esencial para aquellos vendedores que realmente quieran saber en dónde se encuentran dentro del proceso de conocimiento de las necesidades de su cliente. Les ayudan a calibrar cómo está progresando y les entregan información correcta que necesitan para navegar y realizar ajustes. Los mantienen lejos de suponer que su cliente entiende o acepta todo lo que ellos han dicho. El silencio en su cliente no quiere decir que está de acuerdo. Tenga mucho cuidado con esto. La mejor forma de saberlo es la verificación. Formule preguntas que lo lleven a verificar en qué punto se encuentra y qué tan de acuerdo están las dos partes.

La verificación, además, ofrece un diálogo mucho más interactivo. La constante retroalimentación mantiene a su cliente involucrado, activo, participativo, e interesado. Pero lo más importante es que la retroalimentación le permite perfeccionar su mensaje y lo convierte en alguien más seguro para cerrar, pues usted posee información que le permite saber con más probabilidad cómo va a responder su cliente.

La retroalimentación, además, le ayuda a identificar los obstáculos y las oportunidades de manera que pueda manejarlas y resolverlas. Por ejemplo, durante el diálogo, usted podría preguntarle a su cliente: "¿Qué le parece mejor a primera vista, X o Y? ¿Qué sistema posee usted?". Estas preguntas le ahorran tiempo, lo enfocarán sobre el diálogo y le permitirán ajustar su mensaje a la medida.

Cada vez que usted posicione un mensaje importante en la mente de su cliente, responda una pregunta o resuelva una objeción: retroaliméntese con su cliente para conocer y calibrar la reacción de este frente a su mensaje.

Si su cliente entiende y está de acuerdo, sus preguntas de verificación le ahorrarán tiempo, pues sabrá lo que usted no debe hacer en adelante. Si la retroalimentación le muestra que su cliente aún tiene dudas o preguntas, puede retroceder, hacerse preguntas a usted mismo, hacer ajustes y / o redefinir su objetivo.

La retroalimentación es la habilidad a la que se resisten más los vendedores (en un principio). Lo ven como algo arriesgado porque a veces la retroalimentación puede ser negativa, pues aparecen objeciones, quejas, requerimientos, demandas por parte del cliente, pero el vendedor profesional lo ve como una herramienta excelente, ya que todo lo que para los vendedores comunes es negativo para el vendedor profesional son oportunidades y con la práctica lo encuentra indispensable. Un arma virtualmente secreta, por así decirlo.

Sin embargo, no confunda verificación con alta presión o tácticas de manipulación. La retroalimentación no es nada de eso. Las preguntas de verificación son preguntas que no limitan ni dirigen la respuesta de su cliente: por ejemplo: "¿No quisiera usted ahorrar dinero?" o "¿No le parece que esto lo beneficia?". Las preguntas de sí o *no* llevan al cliente simplemente a eso, un sí o un no, y de paso presionan al cliente a comprar. La verificación es diferente porque busca una completa retroalimentación.

La retroalimentación es lo opuesto a resumir. Resumir da información; por ejemplo: "Yo creo que X funcionará bien en su estructura para satisfacer su objetivo de (...)", mientras que de la retroalimentación se obtiene información; por ejemplo: "¿Cómo cree que X funcionará en su estructura para satisfacer su objetivo relacionado con (...)?". Recuerde siempre que después de todo, no es lo que usted cree lo que cuenta, sino lo que su cliente cree que es.

He aquí algunas ideas para verificar:

Siempre realice una retroalimentación antes de seguir adelante. Verifique, cada vez que posicione información importante en la mente de su cliente.

Realice preguntas de verificación a lo largo del diálogo con su cliente. Retroaliméntese constantemente: desde la apertura de la venta hasta el cierre.

Ejecute una verificación real sobre su objetivo. La retroalimentación continua le permite valorar qué tan realista es su objetivo de ventas y provee un fundamento para preguntar por su próximo paso para seguir o reajustar su objetivo.

Y recuerde: la retroalimentación es su compás para navegar correctamente y mantenerse en curso.

Lección 16

Nunca se apresure a negociar

Vender y negociar son dos fases separadas del proceso de ventas. Vender es la fase en la cual determina si el cliente quiere hacer negocios con usted y / o usted quiere hacer negocios con su cliente. Usted identifica las necesidades de su cliente, genera confianza y presenta la solución para satisfacer las necesidades de éste. Negociar es la fase en la cual el precio, los términos y el beneficio se determinan.

Cada vez que usted discute precios o términos, ha ingresado en la fase de negociación dentro de la entrevista. En la fase de negociación, las personas tratan de que no tomen ventaja de ellas y por consiguiente pueden adoptar una posición defensiva. Durante la negociación, regularmente es demasiado tarde para identificar necesidades, generar confianza o recolectar el tipo de información clave que podría haber sido fácilmente disponible en la fase de venta.

Es muy común para un cliente que diga muy tempranamente en la fase de venta: "Sólo dígame cuánto vale antes de cualquier cosa". Pero antes de discutir el precio o los términos, hágase dos preguntas: "¿Ya identifiqué claramente las necesidades de mi cliente? ¿Conoce mi cliente el valor real de lo que le estoy ofreciendo?".

Si la respuesta a cualquiera de estas preguntas es no, entonces deténgase.

Pero no diga no, responda: "Sí, por supuesto y así podemos discutir el precio. ¿Puedo hacer algunas preguntas y obtener algunos detalles que necesito?". Si el cliente, aun así, no le brinda mayor información es muy arriesgado para usted dar un precio, sea específico o aproximado. En vez de eso, manténgase dentro de los parámetros de la venta consultiva y repita su necesidad de información.

Si un cliente solicita información sobre precios al principio de la entrevista comercial, comience el proceso de negociación cambiando información acerca del precio o los precios por información acerca de su cliente.

A menos que usted tenga completamente identificadas las necesidades y las comprenda, no estará en condiciones de relacionar precios o términos con el beneficio para su cliente.

Siempre evada cualquier tipo de negociación hasta tanto esté completamente seguro de las necesidades de su cliente y haya comprendido en profundidad cada una de ellas y entonces, y sólo entonces, presente los beneficios que obtendrá su cliente. Asegúrese siempre que está listo para negociar: conoce las necesidades y ha posicionado en la mente de su cliente el beneficio que obtendrá antes de relacionar precios o términos.

Si el cliente realiza algún tipo de solicitud o demanda algo, averigüe qué hay detrás de esa demanda o solicitud para encontrar la necesidad. ¿Por qué? Regularmente sólo existe una forma para satisfacer una demanda o solicitud, mientras que existen muchas maneras de satisfacer una necesidad.

No todas las técnicas de negociación son útiles o se pueden aplicar a todas las situaciones, por lo que los profesionales en ventas deben dominar una amplia gama de tácticas. Las habilidades de negociación más importantes en la práctica desde mi experiencia son:

1. Definir claramente las concesiones
2. Hablar de segundo
3. Alejarse de los rangos
4. Negarse a "partir la diferencia"
5. Escribir los términos en el momento adecuado
6. Negociar con quien toma las decisiones
7. Conseguir primero para poder dar o ceder
8. No hablar sólo de precio
9. Ser humano
10. Saber cuándo retirarse

A continuación realizo una explicación detallada de cada habilidad.

1) Definir las concesiones que está dispuesto a aceptar de antemano.

En el momento de la negociación, un descuento del 30% o seis meses más de plazo pueden parecer perfectamente aceptables. Es sólo cuando vuelve a su oficina y en su escritorio frente a su pantalla empieza a redactar el contrato y se da cuenta que llegaron a un acuerdo que no puede o no debe aceptar. Definir claramente los límites sobre los descuentos de precios, regalos u otros asuntos complementarios antes de reunirse con su prospecto le asegurará de llegar a un acuerdo mutuamente beneficioso.

2) Deje que su prospecto hable primero.

Usted ha presentado los términos del negocio, y su prospecto quiere negociarlos, así que déjelo comenzar la conversación. La mayoría de los vendedores con el ánimo de ser complacientes sienten la tentación de ofrecer un descuento o un ajuste antes incluso de que su prospecto abra la boca. Pero, ¡usted ni siquiera sabe lo que le van a decir! Al igual que en otras áreas de las ventas como lo expuse en mi libro "Vender, Un estilo de Vida, 20 Lecciones para llegar a ser un vendedor profesional", vale la pena escuchar primero y luego hablar.

3) No le dé un rango.

Si el cliente desea que usted baje el precio de su producto o servicio, no diga: "Bueno, probablemente podría reducir el precio en un 15 o 20%".¿Quién en su sano juicio va a aceptar un 15% cuando usted ha ofrecido hasta un 20%? Siempre entregue un número o una cifra concreta y luego ir vaya más alto o más bajo como sea necesario. La palabra "entre" debe evitarse a toda costa.

4) Evite dividir la diferencia.

Según lo expresé en mi libro Neuroventas 2da Edición, partir la diferencia puede hacerle más daño que bien. Por ejemplo, si el producto o servicio cuesta $100 y el prospecto quiere un descuento del 50%, el vendedor no debe contrarrestar con $ 75 aunque pareciera lógico que lo haga. Si el vendedor ofrece un pequeñísimo descuento, pero manteniéndose dentro del precio original, es muy probable que el prospecto acepte y no se arriesga a quedar a mitad de precio.

5) No deje nada por escrito hasta que la conversación ha terminado.

Las negociaciones pueden ir de atrás hacia adelante y viceversa todo el tiempo. Se presentarán muchas ideas, y mientras algunas se aceptarán, otras serán derribadas. Un vendedor profesional es prudente en no revisar el contrato hasta que la reunión haya terminado, y todas las partes hayan acordado verbalmente los términos.

6) Negociar con quien toma la decisión.

Esta habilidad puede parecer obvia, pero de acuerdo a mi experiencia en ventas, muchos vendedores cometen el error de negociar con la persona equivocada. Y esto significa que cuando las conversaciones comienzan con quién sí toma las decisiones, probablemente comenzará a negociar con un precio o unas condiciones ya descontadas en la primera reunión. Un gran resultado para el prospecto, pero una mala consecuencia para el vendedor.

7) Obtener algo primero para poder dar o ceder.

Las relaciones vendedor-cliente saludables están enmarcadas por el respeto y la confianza mutuos. Con esto en mente, los vendedores no deben aceptar todas y cada una de las demandas de su prospecto sin hacer peticiones de su parte. Al mantener la negociación en un gana-gana para ambas partes, vendedor y el cliente se mantienen en pie de igualdad, lo que sienta las bases para una relación mutuamente beneficiosa.

8) Ampliar la conversación más allá del precio.

El aspecto más comúnmente negociado en una venta es el precio, por lo que los vendedores deben estar preparados para hablar descuentos. Sin embargo, ya que el precio está ligado al valor, y el valor va ligado a la percepción de un cliente sobre la satisfacción con un producto o servicio, los vendedores deben considerar ofrecer otros complementos o regalos en lugar de un precio menor.

Pero tenga en cuenta que esto no es una regla fija; las concesiones específicas que un vendedor puede ofrecer en una venta dependen siempre de la situación.

9) Mantenga una conversación amena y cordial.

Aunque prospecto y vendedor se sientan en lados opuestos de la mesa durante una negociación, van a ser socios si se firma el negocio. Mantenga siempre una conversación amena y cordial durante todo el diálogo para evitar crear mal ambiente.

10) Párese de la mesa si es necesario.

Los vendedores no deben estar dispuestos a aceptar cualquier cosa que el prospecto le exija. Si las demandas que hace son irrazonables o no son rentables para la empresa, no tenga miedo de despedirse cortésmente y abandonar la negociación.

Un cliente que sólo accede a firmar si el contrato fue modificado radicalmente o el precio fue drásticamente bajado está llamado a causar problemas en el futuro. Y ya que claramente no ve mucho valor en la oferta, es sólo cuestión de tiempo antes de que se sientan insatisfechos. Salga de ahí por su bien y el de su prospecto. Utilice sus habilidades y estrategias de negociación para proteger su precio y sus términos. Siempre discuta precios o términos dentro de un contexto de beneficios para su cliente.

Finalmente, siempre manténgase dentro de los parámetros de la venta consultiva. Aunque se encuentre frente a un negociador tipo adversario o enemigo, nunca se ponga en la misma posición adversaria. Usted no debe convertirse en un enemigo para estar en control de la situación.

Mientras usted negocia utilice las siguientes estrategias:

Obtenga la necesidad por debajo de la demanda. Existe usualmente solo una forma para satisfacer una demanda o solicitud, pero existen múltiples formas de satisfacer una necesidad.

Negocie, no entregue. Cuando realice una concesión, negocie. Mantenga un orden en sus concesiones y efectúe una a la vez.

Utilice el poder de guardar silencio. Una vez establezca el precio, permanezca en silencio. El primero en hablar es usualmente el primero en conceder. Éste es tal vez la única ocasión en que no se realiza retroalimentación dentro de la entrevista comercial; desde el momento en que usted establece precios o términos sobre la mesa debilita su posición. Requiere fuerza, pero permanezca en silencio.

Y recuerde: la mejor técnica de cierre que existe es el silencio, y saber en qué momento negociar le ayudará a saber qué negociar.

Lección 17

Maneje el cierre como un proceso.

Cierre frecuentemente y a tiempo

La venta se mide realmente por el cierre. El cierre representa qué tan bien usted identificó y satisfizo las necesidades de su cliente. Los vendedores siempre quieren hablar del cierre y están siempre muy preocupados por esta parte del proceso, sin muchas veces siquiera haber reconocido que jamás han iniciado un proceso dentro de la entrevista comercial, y lo que éste envuelve. Sin embargo, la realidad es que la gran mayoría de los vendedores son muy indecisos a la hora de cerrar: algunos le temen demasiado al rechazo de su cliente, otros no quieren dar por terminado cualquier tipo de comunicación y otros no quieren que su cliente se sienta presionado.

Lo único en que la mayoría de los vendedores que son indecisos a la hora del cierre tienen en común es: ven el cierre como un proceso de todo o nada. Ellos creen que tienen que esperar hasta el final, cuando todo está a riesgo. Con esta forma de aproximación, los riesgos son muy altos.

Los vendedores realmente excelentes en el cierre manejan éste como un proceso. Son más seguros porque se aproximan al cierre por fases:

Fase 1. Establecen un objetivo medible mucho antes de la entrevista.

Fase 2. Utilizan las preguntas de verificación a través de la entrevista comercial para calibrar en dónde deben realizarse ajustes.

Fase 3. Finalizan cada entrevista con pasos específicos para seguir y así mantener la negociación o para efectuar el cierre.

Recuerde que depende de usted continuar con el siguiente paso en la entrevista o realizar el cierre. Sin embargo, cuando usted escuche, pregunte, posicione las necesidades y verifique; la pregunta de cierre puede llegar a ser innecesaria cuando el cliente pregunta: "¿Y cuándo comenzamos?". Si esto no ocurre, depende de usted el cierre.

Su cierre puede ser el próximo paso para seguir de cómo acercarse a quien toma la decisión económica, establecer un cronograma para una demostración o un programa piloto, introducir un especialista, o cualquier otra situación que pueda seguir en el proceso, antes de que cierre u obtenga la firma de un contrato.

Al establecer un objetivo medible antes de la entrevista, estará en capacidad de saber qué debe usted lograr al final de la entrevista. Éste le entregará el enfoque que la entrevista debe tomar y lo guiará correctamente al cierre. Su objetivo medible es la acción o el paso que usted quiere darle al final de la entrevista. Le permite asegurarse de mantener la negociación además de evaluar realísticamente el éxito de la misma.

Y digámonos la verdad: la mayoría de los vendedores van a las que ellos llaman "visitas comerciales", sin objetivos o con objetivos muy vagos (recordemos la lección 1) y es lógico: la mente trabaja según lo que les ordenemos, si vamos a visitar vamos a eso, no a lo que debemos. Van con la mentalidad de "Dios proveerá" y de que "Yo me las sé todas". Pero pregúntese en este momento: "¿A dónde quiero llegar al final de la entrevista?". Usted puede desarrollar objetivos medibles y acciones muy específicas y concretas que mantengan el dinamismo dentro de la entrevista comercial y lo conduzcan exactamente a donde usted quiere llegar.

La verificación es una parte muy importante dentro del proceso del cierre porque le entrega una lectura de cómo su cliente responderá al mismo. Antes de realizar una aproximación al cierre, realice una verificación final para saber cómo se siente su cliente de lo que han dialogado, relacionado con la satisfacción de sus objetivos. Esta retroalimentación final preparará el camino para iniciar el proceso de cierre o ayudarlo a reevaluar antes de hacerlo.

Si su cliente descarta su cierre, efectúe un segundo esfuerzo. Encuentre por qué su cliente dice no, direccione la objeción y, si es apropiado, cierre de nuevo.

El experto en ventas Dale Carnegie dijo una vez: "Cuando se trata de personas, hay que recordar que no usted no se está comunicando con seres lógicos, sino con seres emocionales". Si bien los detalles lógicos de una venta son obviamente importantes, en igualdad de condiciones, los compradores se toman decisiones basándose en cómo se sienten acerca de usted y su producto. De hecho, las investigaciones muestran que cuando las decisiones se reducen a la lógica pura, se les hace casi imposible a los clientes elegir entre varias opciones.

Claramente, las sensaciones son de gran alcance. Pero, ¿cómo aprovecharlas adecuadamente en el proceso de venta?

Las siete emociones que presento a continuación son los que pueden llegar a tener una gran influencia en las decisiones de compra. Acompáñeme a descubrir por qué cada uno es importante, y cómo se pueden aprovechar en su próxima venta.

1) El miedo

¿Por qué es importante?: Los compradores se ven obligados a hablar con los vendedores cuando algo no funciona como debería. Cuando algo está haciendo que se pierda el objetivo o les impida avanzar en su carrera, van a tener miedo de que se perjudique su situación actual y eso no augura nada bueno para ellos.

¿Cómo aprovecharlo en una venta?: Nunca se debe crear una falsa sensación de miedo o intimidar a sus compradores a hacer una compra. Pero si ellos sienten miedo, hágales saber lo que pueden perder si las cosas siguen como van, y a continuación, muéstreles cómo su producto o servicio va a resolver esos problemas y de esa forma eliminará cualquier sensación de miedo.

2) La frustración

¿Por qué es importante?: La gente quiere que sus vidas sean más fáciles y a la vez sobresalir en sus puestos de trabajo. Cuando algo que es crucial para lograr algo no funciona, no consiguen alcanzar cualquiera de esos objetivos. La frustración que sienten es una poderosa fuerza motriz para conseguir una solución.

¿Cómo aprovecharla en una venta?: Pregunte a su cliente ¿por qué está hablando con usted?, ¿Qué no está funcionando hoy en día? En su día a día, ¿qué es con lo que más lucha? ¿Cuáles son los efectos colaterales en su empresa? Cuanto más se les deja hablar de sus quejas, más van a estar listos para escuchar su solución. De esta manera, sus clientes potenciales se están preparando a sí mismos para comprar.

3) Esperanza

¿Por qué es importante?: Su prospecto se siente frustrado como están las cosas, pero la otra cara de su molestia es la esperanza de que las cosas van a mejorar. No se puede simplemente enfocarse en lo malo de la situación; para cerrar un negocio, usted tiene que mostrarles a sus clientes un mejor mañana.

¿Cómo aprovecharla en una venta?: Consulte con su cliente, "En el mundo ideal, ¿cómo le gustaría trabajar? ¿Cómo le gustaría que fuese su día? ". De esta manera, no sólo está dejando al descubierto sus objetivos, sino que está evidenciando exactamente dónde están sus mayores puntos débiles. Ahora puede adaptar su terreno de juego para hablar con sus clientes de la esperanza de un futuro mejor gracias a lo que usted vende.

4) La expectativa

¿Por qué es importante?: La expectativa es imperativa para crear el sentido de urgencia y mantener a su prospecto animado a que participe en el proceso de venta. Si se aburren o están desinteresados por su conversación, no tendrán ningún incentivo para seguir hablando con usted.

¿Cómo aprovecharla en una venta?: Para algunos prospectos, la innovación tecnológica y la novedad serán suficientes para seguir adelante. Permita a esos compradores tener demostraciones y deje que ellos se mantengan ocupados con utilizando el producto o servicio. Para otros, escuchar acerca de las cosas nuevas que van a ser capaces de lograr es la clave para generar en ellos entusiasmo. Averigüe qué es exactamente lo que requiere su prospecto para seguir adelante y luego avance en el proceso.

5) La rabia

¿Por qué es importante?: La rabia es un paso después de la frustración. A veces experimentará rabia cuando las cosas han llegado a un punto de quiebre; una decisión necesita ser tomada de inmediato cuando un proceso o herramienta está tan agrietada que un proyecto clave se paraliza. También podría ver la rabia en la cabeza de su cliente cuando está muy apasionado sobre su producto pero éste se enfrenta a los bloqueos internos en su mente.

¿Cómo aprovecharla en una venta?: En primer lugar identifique la rabia. Usted no quiere conseguir que su cliente entre en modo de quicio cuando la conversación se convierta para él en sentimientos de rabia, pero hay que reconocer que está allí. A continuación, averigüe el origen de su rabia. Si viene de las frustraciones del comprador del día a día, determine sus prioridades y enciérrelas de nuevo bajo la esperanza de un futuro mejor. Pero si está encontrando resistencia interna u otros bloqueadores mentales, canalice esas emociones en algo productivo y ayúdeles a través de su producto o servicio a resolver esa mezcla de frustración y rabia que estén experimentando.

6) El miedo a perder

¿Por qué es importante?: El miedo a perder es un subconjunto muy específico del miedo en general. No siempre es un miedo individual de sus clientes que no quieren ser los responsables de que su empresa se esté perdiendo del siguiente gran negocio o quedarse atrás debido a la feroz competencia.

¿Cómo aprovecharlo en una venta?: Muéstrele a sus clientes potenciales estudios de casos de clientes similares que han encontrado el éxito con su producto. Demuestre con investigaciones de terceros que lo que su producto o servicio resuelve no es sólo una tendencia, sino que se está convirtiendo en una necesidad para hacerle frente, y que el no actuar rápidamente dejará a sus prospectos rezagados en su sector.

7) Ser el primero.

¿Por qué es importante?: Esta es una simple cuestión de visión y perspicacia en los negocios. Todas las empresas necesitan una ventaja comparativa para sobrevivir, y para prosperar, y los empresarios de éxito (si están o no empresarios) por lo general tienen una unidad competitiva ellas alimentando.

¿Cómo aprovecharlo en una venta?: Apele a la naturaleza competitiva de su prospecto, explicándole los beneficios de una manera que ponga de relieve exactamente las ventajas comerciales que su producto o servicio le proporcionarán. Por ejemplo, usted les dice: Mi producto le ayudará a reducir los gastos generales en un 20%, por debajo del promedio de la industria, liberando recursos para otras prioridades. Esto le da una ventaja en [área de negocio] ".

He aquí cómo cerrar de forma más efectiva:

Establezca un objetivo para cada entrevista. Para mantener la negociación dinámica y llegar a cerrar, asegúrese de establecer y lograr objetivos medibles, realizables y dentro de un tiempo determinado.

Realice una constante retroalimentación mediante la entrevista. Retroaliméntese acerca de lo que posiciona en la mente de su cliente, lo cual le brindará la información y la seguridad que usted necesita para cerrar o para ajustar el objetivo de su entrevista.

Finalice cada entrevista con una acción para seguir. Nunca finalice una entrevista con una idea vaga o indefinida del próximo paso para seguir. Para mantener la negociación, cierre el negocio o termine con una idea muy concreta de lo que sigue dentro del proceso. Adquiera el hábito de establecer un plan de acción muy específico al final de cada entrevista.

Y recuerde: desarrolle el hábito de cerrar paso a paso.

Lección 18

Utilice todos los recursos

Los vendedores más efectivos mantienen fuertes relaciones con sus clientes y con sus colegas internamente. Especialmente en ventas complejas, es crítico entender y ganar terreno con los que toman las decisiones o los que influyen en la decisión. Es también importante valerse de su equipo de trabajo: especialistas, ejecutivos, colegas y profesionales de soporte.

Identifique quién toma las decisiones por su cliente y quién los influye. Aprenda a identificar quién tiene el poder. Analice el proceso de toma de decisión de su cliente, formule preguntas, observe con atención los patrones de comunicación y obtenga toda la información posible de todos sus contactos.

Desarrolle relaciones dentro de la organización de su cliente a lo largo y a lo ancho. Formule preguntas críticas acerca del compromiso hacia la iniciativa y examine si el equipo de su cliente apoya o rechaza la misma. Averigüe quién lleva las riendas e identifique rápidamente los campeones y líderes, así como las posibles alianzas. Construya relaciones con terceras partes, fuera de los que influyen en las decisiones, como abogados, auditores, banqueros, etcétera.

Utilice su equipo desde el comienzo de la negociación para generar un soporte interno y de esta forma obtener los recursos que necesita y además se encuentren disponibles cuando usted los requiera. Promueva relaciones de trabajo positivas con los especialistas, gerentes y altos ejecutivos o los miembros de equipo de soporte, mucho antes de que los necesite. Comparta sus servicios y sea equitativo ayudándoles.

Por ejemplo, una llamada en el momento y el lugar adecuado de su gerente a uno de los gerentes de su cliente puede ser decisivo para ganar. Recuerdo a un vendedor que empleó a un alto ejecutivo de su organización para ganar un negocio muy importante en su carrera.

Él sabía que su cliente compraría un nuevo sistema para su empresa y la situación se tornaba cada vez más competitiva; luego, él buscó el apoyo de su contador, quien tenía una excelente relación con el vicepresidente financiero de la empresa. El vendedor le pidió a su contador llamar al vicepresidente de la compañía, a quien preparó y le explicó la situación para que lograra persuadir a éste a favor del vendedor. De acuerdo con el vendedor, esta llamada hizo que la decisión se tomara a favor de él y no de la competencia.

Las ventas son una profesión única, en razón a que las técnicas de venta fundamentales son siempre transferibles independientemente de su situación específica. Realmente no importa en qué industria se encuentra, o qué producto o servicio que usted vende, los elementos siempre permanecen.

En mi experiencia, hay tres técnicas de venta que son las más importantes, y son precisamente los que separan a los buenos vendedores de los campeones en ventas. La clasificación de estas tres técnicas fluctuará en función del entorno, pero las tres son igualmente importantes.

1) El experto en ventas siempre atesora conocimiento.

Las ventas son esencialmente una profesión basada en la confianza. Usted debe generar confianza y ser creíble, y el conocimiento es fundamental para lograrlo. Sin un conocimiento profundo de diversos temas especialmente los que se refieren a su industria, producto o servicio, se erosionará su credibilidad en cada entrevista comercial, y simplemente no va a ser capaz de construir la confianza suficiente para afrontar la perspectiva de su prospecto, sus problemas y oportunidades.

Temprano en la mayoría de las carreras de los vendedores profesionales, éstos sólo se apoyan en el conocimiento específico de la empresa que representan (producto o servicio), mientras que adquieren destrezas en sus técnicas de venta, y eso está muy bien. Sin embargo, se necesitará más que eso para lograr ser un campeón. He aquí hay otras áreas de conocimiento clave para el dominio:

Conocimiento de la industria: Los vendedores profesionales deben entender y dominar los temas y tendencias más relevantes dentro de las industrias que ellos venden. Siempre es muy bueno conocer y entender la historia del crecimiento de su industria y su sector, así como los factores más significativos que afectan el estado actual de las mismas. Manejar cifras, datos y hechos al detalle. Tanto la historia y su evolución como la experiencia reciente.

Conocimiento del mercado y de la competencia: Los campeones en ventas siempre entienden y tienen una panorámica muy profunda del mercado en el que compiten. Posicionamiento competitivo es la clave; no diferenciación de características, sino diferenciación de valor. Pero tenga en cuenta que este conocimiento se debe utilizar siempre para bien. Saber quién es su verdadera competencia, como lo explico en mi último libro "Neuroventas", no la que usted cree que tiene, le da a usted una ventaja y un poder incomparable ya que sabe muy bien cómo conseguir mejores resultados.

Conocimiento del producto: Nunca olvide que el conocimiento del producto o servicio es supremamente importante sin embargo, como lo expuse en el bestseller "Vender Un estilo de Vida" ese conocimiento soló representa al momento de la venta un 5% dentro de todo el proceso.

Y no cometa el error de pensar que se puede construir confianza y credibilidad sólo con afirmaciones. Las probabilidades son: si usted ha hecho su tarea, tendrá grandes cantidades de datos para compartir. Así que no lo haga. La única manera realmente eficaz de hacerlo es construir credibilidad a través de la calidad de su presentación y la persuasión que imprime con sus preguntas y su lenguaje no verbal.

Las afirmaciones crean distancia; las preguntas construyen conexiones. La detección es el elemento más importante de cualquier proceso de venta, y el combustible es la calidad de su conocimiento y su propio descubrimiento.

2) Los campeones en ventas siempre generan demanda.

La capacidad de generar demanda e influir profundamente en sus clientes de manera eficaz también separa los buenos vendedores de los campeones. Aquellos vendedores que encienden la chispa e inspiran a los demás con su actitud y energía, disfrutan de una ventaja competitiva en su carrera de ventas y consiguen con más frecuencia los mejores negocios con las mejores empresas, por obvias razones.

No hace muchos años, la generación de demanda estaba dada por el volumen de actividad y la persistencia. Pero hoy, la creación de demanda se trata de aprovechar los datos para concentrarse en las mejores opciones para sus clientes y sus requerimientos. Las nuevas tecnologías y las mejores prácticas de marketing hoy, nos ayudan a identificar el nivel de compromiso y el interés de un comprador y nos permite alinear los mensajes y conectar mejor el valor a lo que requieren. Estar en el momento adecuado con el contenido correcto y el contexto apropiado es la mejor manera de generar la demanda.

Y esto se extiende más allá del mes o trimestre en curso. Los campeones en ventas, aquellos que inspiran a sus clientes y a los demás, entienden que la calidad y consistencia del esfuerzo que hacen hoy son la base del éxito en el futuro. Mediante la gestión tanto a corto como a largo plazo, simplemente siempre están siendo muy demandados por sus clientes y nunca tienen problema en superar sus metas personales y comerciales.

¿Cómo sabe usted que está generando demanda de forma efectiva? Obviamente por los resultados. Pero más allá de los resultados, usted sabrá que está haciendo un gran trabajo con las mejores empresas del país y de su localidad porque lo llaman directamente y no a su empresa. Ellos quieren hablar específicamente con usted porque usted ha compartido contenido valioso y perspectiva y ha generado lo más importante de toda venta: confianza.

3) Crean un camino para una futura venta.

Las decisiones de compra se basan en la elección de alternativas y por lo general no nos gusta el cambio a menos que sea positiva, absoluta e inequívocamente necesario.

Sería muy bueno si todos los compromisos en ventas fueran así, pero la gran mayoría no lo es. Un profesional de ventas debe ser capaz de mostrar un cuadro de un nuevo y brillante futuro a su cliente; uno que es indiscutiblemente mucho mejor que su statu quo y sus alternativas actuales.

Un estado futuro muy atractivo cubre tres perspectivas:

Personal / emocional. ¿Cómo cambia el mundo del cliente? ¿Qué sentirá cuando su producto o servicio esté en marcha y funcionando sin problemas? ¿No perderá tiempo? ¿Va a verse bien en frente de sus compañeros o jefe? ¿Será este un trampolín para el siguiente paso en su carrera? ¿Se convertirá en un caso de estudio? Si el comprador ve más ganancia personal que riesgo, usted tiene una excelente oportunidad de que decida trabajar con usted y tomar sus servicios.

Transformacional / Operacional. Aquí es donde se llega a demostrar que tan bien usted entendió el estado actual del prospecto y sus limitaciones. ¿Hay algún problema que el prospecto no pueda resolver en la actualidad, o una oportunidad que no puede aprovechar? Las ayudas visuales son cruciales aquí; representaciones gráficas de la situación actual y futura son siempre más eficaces que el texto o la conversación.

Retorno de la Inversión. Muy a menudo esto se representa como rendimiento financiero, pero también puede implicar rendimientos alrededor de la cultura, la marca, la buena voluntad corporativa, etc. Lo ideal es que haya probado su hipótesis con un coach, pero independientemente, es necesario tener una posición razonable y bien articulada aquí. Por lo menos se proporciona una oportunidad saludable para discutir el impacto positivo del cambio propuesto.

Si usted ha cubierto los tres elementos de la creación de un estado futuro muy atractivo, ha conseguido una oportunidad única de luchar por superar la inercia del status quo de su cliente.

Sin embargo, se llega el final del mes, trimestre, o semestre y se está quedando sin tiempo para alcanzar la cuota. Un trato o negocio con el que contaba para lograrlo es la causa. ¿Le resulta familiar?

¿Qué hace?

Presionar a su cliente potencial para que compre antes de que estén listos nunca es prudente, a menos que quiera perder su confianza y potencialmente el negocio.

Pero hay varias formas no manipulativas de aumentar la urgencia en el comprador, como las siguientes cinco que presento a continuación.

1) Presente el valor de su producto de una nueva manera

Los consejos de venta tradicionales sugieren mostrarle a su prospecto exactamente cuánto puede ganar si compra su producto.

Estas son las cuatro principales propuestas de valor que todo vendedor utiliza:

1. Aumento de los ingresos: "Doblará su utilidad bruta del canal X en Y meses".

2. Mayor eficiencia: "Le tomará a uno de sus colaboradores producir lo que dos producen en este momento".

3. Riesgo reducido: "La probabilidad de que (evento negativo) ocurra, disminuirá de X% a Y%."

4. Costos más bajos: "Ahorrará $ X por trimestre".

¿El problema consiste en hablar constantemente del ROI de su solución? Mi respuesta es un rotundo sí. El comprador se vuelve un poco insensible. La quinta vez que mencione cuánto dinero ahorrará su cliente, tendrá un impacto mucho menor que la primera vez que lo hizo.

Para revitalizar su deseo de comprar presente el valor de su producto o servicio de una nueva manera.

Si usted se ha centrado en la reducción de costos, por ejemplo, ahora resalte los beneficios del producto en industrias similares a las del cliente y que hayan impactado como ningún otro en las mismas. Es decir ayúdele a su cliente a responder por qué debería comprarle a usted y no a la competencia.

2) Use la prueba social

Los prospectos a menudo se tornan nerviosos al momento del cierre. Si el producto no funciona según lo prometido, su desempeño, reputación en el trabajo y, a veces, incluso la continuidad en el mismo se verá comprometidos.

Bríndeles la confianza para cerrar el negocio con pruebas sociales. Eso podría traducirse en:

Una publicación en el blog de un cliente que menciona su producto.
Un caso de estudio basado en su producto.
Una mención en un artículo de algún periódico.
Una revisión positiva de un tercero.
Un correo electrónico de un cliente feliz.
Un endoso de un "influencer".
Nombres de compañías conocidas que usan su producto o servicio (nombres y forma de contacto).
Una mención favorable en las redes sociales

Existen otras formas, incluso más creativas, de demostrar pruebas sociales, tales como:

Una publicación en el blog de un ejecutivo de una compañía altamente reconocida.
Cuántos clientes tiene su producto y sus registros de uso.
Sus socios de integración horizontal o vertical que utilizan su producto o servicio.
Imágenes, diagramas o videos de su producto

circulando por las redes sociales de forma viral.

La información sobre productos específicos y / o líneas de productos, como "X vende el doble este mes gracias a los beneficios de nuestros productos".

Una vez que haya encontrado alguna prueba social convincente, envíela a sus clientes con una nota como: "Quería compartir esto contigo porque ..."

3) Agregue un poco de humor

¿Es amigable con su prospecto? Un correo electrónico con algo de humor a veces puede hacer que compren más rápido; usted se colocará en el radar de su cliente sin parecer agresivo o molesto.

Siga esta fórmula de tres pasos:
1. El valor en dólares de algo que les gusta
2. El ROI de su producto
3. El punto de equilibrio con su producto

Calcule cuántas cosas podrían comprar con el ahorro que obtienen usando su producto o servicio y cuánto tiempo les llevaría, si tomaran la decisión hoy mismo.

Por ejemplo, podría escribir: "Si comenzara a usar nuestra plataforma hoy, le tomaría dos semanas hacer $ 4,000 adicionales, eso es suficiente para obsequiarles 2.010 Sandwiches a sus colaboradores este año".

4) Quítele el riesgo

De acuerdo con un estudio realizado recientemente por la American Marketing Association de 25,537 llamadas de ventas, el uso de palabras que se traduzcan en "inversión sin riesgo" aumenta las utilidades en un 32%.

Cuando llegue al momento de cerrar el negocio, recuérdele al comprador cuán fácilmente pueden optar por devolver el producto o cancelar el servicio, obtener un reembolso o solicitar asistencia técnica o servicio al cliente.

He aquí algunas ideas:

"Tiene tres meses para cancelar y recuperar todo su dinero si no está viendo los resultados que deseas ..."

"Tarda dos minutos en cancelar el servicio y puede hacer todo en línea o desde su teléfono inteligente".

"Nuestro equipo de soporte está disponible 24/7 para responder sus preguntas durante el proceso de instalación".

"Si no está seguro de qué hacer o si quiere recibir sugerencias sobre su estrategia, siempre me complace ayudarle".

"Le toma a nuestro cliente promedio dos horas para comenzar a funcionar".

"Le garantizamos que verá los resultados del producto si sigue el proceso que hemos descrito".

5) Apoyarse en el vínculo que ha establecido

Una táctica de persuasión muy efectiva que siempre aconsejo es dejarle saber al posible comprador cuándo sus acciones no cumplen con sus expectativas.

Me explico. Supongamos que usted ha invertido una cantidad considerable de energía y recursos durante los últimos cuatro meses para ayudarle a su cliente potencial a armar una nueva estrategia para su equipo, con la certeza de que están trabajando juntos para lograr una venta.

Ahora, él está mostrándose esquivo.

Podría decirle: "(Nombre del prospecto) pasamos mucho tiempo juntos desde enero trabajando. Le ayudé a desarrollar una estrategia de recursos humanos para apuntarle a los desarrolladores en Centro América y el Caribe, y también hemos explorado cómo su principal cliente, puede aumentar la tasa de aceptación de ofertas de su empresa en un 20%. Se comprometió a organizar una reunión con los socios el 2 de mayo: estaré muy decepcionado si eso ya no sucede "(persuasión en las ventas).

Por supuesto, usted no quiere culpabilizar a los compradores por compromisos que no han hecho. Pero en el escenario que le estoy mostrando hay que llamarles respetuosamente la atención sobre sus compromisos; esto aumentará su prestigio y valía y los motivará a compensarlo haciendo lo que usted les pida.

He aquí algunas ideas para ayudarle a identificar y utilizar los recursos que usted necesita para triunfar:

Realice un mapa del proceso de toma de decisiones de su cliente.
Formule preguntas, observe y analice el proceso de toma

de decisiones de su cliente. Obtenga acceso a quienes toman la decisión. Identifique a quienes influyen en su cliente.

Prepare el soporte de sus colegas. Desarrolle credibilidad internamente con su equipo de trabajo y cuando usted triunfe comparta los créditos con ellos.

Desarrolle un líder dentro de la organización de su cliente. Identifique y cultive un respetado contacto de su cliente, quien lidere su venta, que se convierta en un defensor suyo a toda costa y que lo provea de información, lo guíe y lo apoye para que gane. Si usted no posee alguien así en sus relaciones clave, desarrolle uno.

Y recuerde: todos conocemos a alguien. Los mejores vendedores saben utilizar los seis grados de separación, la mejor arma para triunfar.

Lección 19

Realice un seguimiento impecable

Llevar una continuidad dentro de la entrevista es la mejor manera de demostrarle a su cliente que tiene la situación bajo control. Un proceso estructurado enfocado sobre unos objetivos muy claros es una de las formas más fáciles de que crear credibilidad y confianza con su cliente: una promesa hecha es una promesa cumplida a tiempo. Contar con una estructura y un plan de trabajo con su cliente es necesario antes, durante y después de la venta, así no exista un negocio de por medio todavía.

Muchos vendedores manejan este plan y esta estructura en forma muy general. Pero cuando su cliente reconoce que usted sí está preparado y que además cuenta con un plan de trabajo estructurado y unos objetivos muy claros, además de un excelente manejo del tiempo dentro de la entrevista, lo pondrá a usted muy aparte de los demás vendedores. Pero esto requiere compromiso, conciencia y un sistema efectivo de qué hacer en su día tras día. Comprométase de forma real y escriba sus compromisos diariamente y realice un *check list* (verificación) al principio de cada día y revíselo al final de éste; le ayudará mucho. Si por ejemplo hoy es 2 de junio y usted se compromete a hacer algo el 29 de junio, marque un recordatorio en su agenda a mediados de junio y unos días antes de la fecha límite.

Cuando reciba una llamada de un cliente o un colega, regrese la llamada lo más pronto posible, así sea para establecer una hora a la cual responder la llamada completamente. Muchas veces, esta metodología no se utiliza, pero siempre debemos hacer sentir a los demás como las personas más importantes para nosotros. Piense en esto: más de una ocasión estamos ocupados y resolvemos todo con un simple "ahora le llamo"; a veces pasan días y semanas enteras antes de que usted recuerde llamar a sus clientes. Recuerde que sólo existe una primera vez para causar una buena impresión y sólo por este simple hecho de responder a tiempo un llamado podemos estar perdiendo millones en negocios y oportunidades. Todo comienza con una llamada.

No deje pasar más de 12 horas antes de responder una llamada o establecer una nueva hora para atender a su cliente por teléfono. Enfóquese más en sus llamadas, el contenido de éstas y el tiempo de respuesta de sus llamadas más que sus competidores y / o colegas. Revise su correo de voz máximo cada tres horas y actualícelo constantemente si lo encuentra necesario.

Es muy importante llevar una continuidad en los procesos, sobre todo si existe un compromiso con su cliente y una fecha específica de entrega. Mantenga sus clientes informados. Si algo está atrasado, infórmele a su cliente inmediatamente usted tenga conocimiento de esto, antes de comenzar a excusarse o arriesgarse a que sea su cliente quien lo llame y le llame la atención. Alerte con anterioridad a sus clientes sobre demoras, presente sus sinceras disculpas y presente un concreto plan de acción para seguir y así resarcir el inconveniente.

Demuestre preocupación y urgencia por remediar el problema. Mejor aún: no demore más lo que ya está atrasado. ¡Mantenga sus compromisos! Antes de que esto ocurra establezca las expectativas de sus clientes y clarifique tanto sus compromisos como las expectativas de sus clientes antes de llevarse sorpresas.

Después de una llamada de ventas, envíe un correo electrónico a todos aquellos que intervienen en la toma de decisión de su cliente. Escríbalo a la medida de las necesidades y preguntas de su cliente. Utilice los correos de voz de forma correcta y específica para actualizarlos sobre el proceso o retroalimentarse sobre éste, al igual que recapitular los pasos para seguir y mantener el contacto permanente con ellos. El contacto, no la visita ni las llamadas innecesarias.

Utilice las cartas y la correspondencia en forma de propuesta.

Cuando una decisión se toma, manténgase muy en contacto con su cliente a través del teléfono, correo electrónico, y si es necesario cara a cara mientras transcurre el período de decisión. Si un negocio está pendiente y se encuentra fuera de su oficina, asegúrese de que sus colegas o secretaria, o alguien en su oficina, le informe inmediatamente de cualquier novedad o esté preparado para manejar la llamada a su nombre. Llame y contacte a sus clientes por correo electrónico, mantenga un estrecho vínculo y encuentre las razones para estar cerca de él durante el proceso de decisión.

Para ayudarle a manejar todos sus contactos, realice un programador con sus clientes activos y no activos para hacerles seguimiento y evitar así el síndrome de "lo olvidé por completo". Efectuarles seguimiento a sus clientes después de entrevistas comerciales, reuniones importantes, eventos, antes y después de la implementación y, sobre todo, en ocasiones especiales (felicitarlo en su onomástico, o aniversario de su empresa u otro tipo de celebraciones importantes). En una sola palabra: posventa.

Realice seguimiento internamente para mantener informado a sus colegas, agradecerles y asegurarse de paso que ninguno ha cometido algún error con su cliente. Siempre efectúe una doble retroalimentación con su cliente para evaluar la satisfacción de éste con su servicio. Utilice su equipo (especialistas, gerentes, asistentes).

Posicione las palabras "Déjeme saber..." y "Llámeme" en su vocabulario de seguimiento. Depende de usted llamar a sus clientes y establecer los pasos específicos al final de cada contacto.

Para alcanzar un final ganador a través del seguimiento dé los siguientes pasos:

Establezca un sistema. Mantenga una agenda estructurada, un programador que direccione su trabajo y su día tras día. Siempre revise su "Por hacer" todas las mañanas y revísela en la noche; los resultados serán sorprendentes y harán de usted un verdadero profesional en los negocios.

Mantenga un cierto nivel de urgencia. Sea incisivo en tratar de tener las cosas hechas antes de lo propuesto con su cliente. Comuníquele este principio a toda su organización; así podrá sortear muchas dificultades y tener las cosas en tiempo real. No deje las cosas para último momento, su compromiso es muy valioso. Piense en eso.

Mantenga un seguimiento constante con su cliente. Jamás espere que su cliente haga su trabajo. El seguimiento es la pieza clave después del cierre y durante la negociación.

Y recuerde: una de las mejores llamadas de seguimiento es la de agradecimiento. Un "gracias por la entrevista" puede terminar en "gracias por hacer negocios conmigo, siempre a sus servicios".

Lección 20

Verifique sus oportunidades

La mayoría de los vendedores confían en su intuición acerca de si tienen una oportunidad real y cualificada. Tan útil como son los sentimientos viscerales, la mejor información siempre proviene de la fuente clave: su cliente.

Tan lógico como suena, sorprende cuántas veces los vendedores guían sus negocios realizando suposiciones y utilizando la información que obtienen primariamente de ellos mismos.

Existen preguntas críticas, duras cuestiones que deben responderlas los clientes: ¿cuál es la necesidad más apremiante? ¿Qué dirige la oportunidad? ¿Cuál es el marco de tiempo? ¿Existe algún evento urgente? ¿Qué presupuesto ha sido adjudicado a esta iniciativa? ¿Cuál es el criterio de decisión? ¿Quiénes son los competidores? ¿Qué valor ofrezco yo? ¿En qué posición me encuentro? ¿Cuál es mi relación? ¿Qué nivel de acceso tengo a quienes toman la decisión? ¿Cómo percibe mi cliente mi valor y diferenciación comparado con mis competidores?

Generalmente, los vendedores cometen tres errores clásicos calificando y evaluando las oportunidades:

Suponen que saben las respuestas a todas las preguntas vitales dentro de la entrevista.

Olvidan que los negocios cambian a diario, basados en los aspectos internos de su cliente y el escenario competitivo, y no ajustan a tiempo su mensaje y su estrategia.

Validan la información sólo una vez.

Algunos vendedores se engañan pensando que existen muchas oportunidades cuando en realidad no existe ninguna. Otros suponen que no tienen opción cuando en realidad tienen todo para ganar el negocio. Sin retroalimentación, todo son suposiciones y adivinaciones que no conducen a nada.

La retroalimentación es una mezcla perfecta de seis habilidades críticas antes, durante y después de la entrevista: *presencia, comunicación, escuchar, posicionamiento* y, lo más importante, *retroalimentación*. Cuando esté verificando la información, su objetivo debe ser comprender cómo piensan sus clientes y, lo más importante, profundizar un nivel más para encontrar por qué piensan así y cómo se sienten.

Usted por ejemplo puede preguntar: ¿Quiénes son los competidores? Pero realice este ejercicio dejando a un lado las preguntas críticas de cómo se siente su cliente y sus colegas acerca de sus competidores y cómo lo compara su cliente con su competencia.

Las respuestas para las preguntas de verificación proveen un entendimiento de las necesidades y también el criterio y las políticas envueltas en el proceso de toma de decisiones. La retroalimentación entrega la información que necesita para ayudarle a diferenciar su mensaje y crear una solución ganadora.

La próxima vez que se encuentre en una entrevista comercial, tome nota de cuántas veces se retroalimentó con su cliente para profundizar y encontrar la información correcta que le permitiera verificar sus ideas acerca de éste.

Para ayudarle a verificar y obtener información adicional:

Nunca suponga nada. Siempre verifique toda la información para asegurarse de que es real y que sí está de acuerdo con lo que usted cree que es.

Recuerde que las cosas cambian. Revalide y ajuste su estrategia y su mensaje.

No se conforme con la primera información que reciba. Usted necesita más de un punto de vista para asegurarse de que la información es correcta.

Y recuerde: la retroalimentación es una mezcla perfecta de seis habilidades críticas antes, durante y después de la entrevista: presencia, comunicación, escuchar, posicionamiento y, lo más importante, retroalimentación.

Comentarios y recomendaciones finales

Así como los negocios hoy día están llegando a ser más complejos y competitivos, usted debe desarrollar más habilidades y ser más estratégico. Existe una creencia en muchos sectores de que en la pasada década hubo más transacciones de compra que de venta. El enfoque siempre fue sobre el producto o servicio y la transacción en sí misma y no sobre lo más importante: el cliente, la experiencia, el valor agregado y las relaciones comerciales.

Depende de usted determinar si esta adaptándose y cambiando al mismo tiempo y si realmente está evaluando cómo vende. ¿Está usted realmente cambiando activa y constantemente o simplemente está esperando a que la realidad en sus niveles de ventas se lo indiquen?

La entrevista comercial enmarcada dentro de un verdadero diálogo le ayudará de forma exitosa a enfocarse con sus clientes. Le ayudará a hacer lo que casi ningún vendedor hace: poner al cliente primero. Como un gran vendedor me lo expresó alguna vez: "Esto hace que el cliente lo coloque en la memoria de su teléfono en marcación rápida".

El objetivo es utilizar el diálogo para entender de forma real las necesidades de su cliente, a posicionar su mensaje de manera correcta, así como ajustarlo a la medida de sus necesidades y que lo reconozca como la solución; igualmente, para cerrar y profundizar la relación.

Las habilidades, *presencia*, *comunicación*, *escuchar*, *posicionamiento* y, lo más importante, *retroalimentación*, son el núcleo de cualquier entrevista comercial. Estas destrezas son las herramientas que usted necesita desde la apertura hasta el cierre de la venta. Una debilidad sólo en una de ellas puede significar un retroceso en el proceso de venta.

A lo largo de las veinte lecciones que he compartido con usted en este libro, he sido reiterativo en la importancia del diálogo dentro de la entrevista comercial y en que para éste se necesitan dos. Así que pare de hablar y escuche; la mejor enseñanza para esto es: "Deje de hablar y comience a vender". Usted es capaz de hacerlo, con la práctica de sus seis habilidades básicas estará en condiciones de ser un excelente vendedor muy diferente de los demás, más profesional y seguro de usted mismo.

Los grandes compositores clásicos no llegaron a ser lo que fueron de la noche a la mañana, requirió esfuerzo; pero lo más importante de todo fue la práctica. ¡Sí, práctica! Si realmente desea triunfar como vendedor debe practicar todo el tiempo. Recuerde que todo el tiempo estamos vendiendo y que todos somos vendedores. Su mensaje y la habilidad para posicionarlo en la mente de su cliente son el eje de la venta. Sin sus habilidades más importantes, usted no podrá continuar.

Con ellas no sólo logrará más ventas sino relaciones con sus clientes de por vida.

Usted es un buen vendedor ahora, pero piénselo, puede ser el mejor. Si practica lo aprendido aquí, será muy pronto el más exitoso de todos los tiempos.

Para su próxima entrevista comercial, seleccione una de las seis habilidades más importantes y enfóquese sobre ésta:

Relación con sus clientes. Construya confianza para permitir que su cliente se sienta a gusto con usted. Utilice el reconocimiento para mantener la conexión y empatía para crear un vínculo más cercano con él.

Asegúrese de su presencia. Verifique el nivel de interés, energía y convicción que usted proyecta. Muestre siempre interés en su cliente, no en la venta.

Pregunte, escuche y retroaliméntese. Establezca una estrategia para preguntar. Formule más preguntas y posiciónelas dentro del diálogo para obtener una completa comprensión de las necesidades. Escuche de forma eficaz el mensaje de su cliente: palabras, tono y velocidad y, lo más importante, lea el lenguaje corporal. Verifique durante todo el diálogo y realice los ajustes necesarios.

Posicione su mensaje. Cuando comprenda y analice las necesidades de su cliente, posicione su mensaje para resolver aquellas necesidades y entonces, y sólo entonces, efectúe el cierre.

Identifique qué ha funcionado para usted en el pasado

y perfecciónelo, de esta forma le funcionará en el futuro.

Recuerde siempre: la gente nunca compra productos o servicios, lo compra a usted. Usted vende mucho más que su producto o servicio. Los productos y servicios llegan a los clientes gracias a usted. Usted es la cara de su empresa y quien hace realidad que éstos lleguen a sus clientes, que las ventas ocurran y que el mundo continúe.

¿Desea continuar en este viaje fascinante? Puede conocer más acerca de nosotros en www.manuelquiñones.com y acercarse a nuestros servicios, cursos, workshops, seminarios y diplomados en esta y otras materias. De seguro le seremos de mucha ayuda.

Mientras la mayoría de los vendedores piensan en necesidades y hablan del producto, debido a la fórmula tradicional de ventas, hacer preguntas, escuchar con atención y generar las emociones correctas en sus clientes puede cambiar su manera de vender de forma radical.

En este nuevo milenio,
la relación vendedor/cliente debe cambiar:
usted no es más un experto, debe
convertirse en un recurso para sus clientes.

Referencias

Bloodworth, Dennis, y Ching Ping, The Chinese Machiavelli, Farrar, Straus and Giroux, Nueva York, 1976.

Bragg, Arthur, "Shell-Shocked on the battlefield of Selling", *Sales and Marketing Management*, July 2000.

Friedenriech, Kenneth, Stevens, Howard, "Which salesperson will make the Best manager?", *Business Week*, April 2013.

Gable, Myron (2013), *The Current Status of Women in Professional Selling*, Englewood Cliffs, NJ. Prentice Hall.

Han-fei-tzu, The Complete Works of Hanfei-tzu, traducido por W. K. Liao (2 volúmenes), Arthur Probsthain, Londres, 1959.

Harari, Oren, "A new decade demands a new breed of manager", *Management Review* vol. 79, August 1990, Columbia University Press.

Kurtz, David (1996), *Sales Management, Concepts, Practices and Cases*, McGraw Hill. Chicago, IL.

Monk, Richard, "Why small businesses fail", *CMA management*, Hamilton, Jul/Aug. 2000.

Murdoch, James (1949), *A History of Japan*, Routledge & Kegan Paul Ltd., London

Nykodyn, Nick (2002), *The Making of a Manager*, Prentice Hall. Boston, MS.

Polinsky, Mitchell (1989), *An Introduction to Law And Economics*, Little Brown and Company, Boston.

Sadler, Professor A.L. (1937), *The Makers of Modern Japan*, George Allen & Unwin, London.

Senger, llano von, The Book of Stratatagems: Tactics for Triumph and Survival, compilado y traducido por Myron B. Gubitz. Penguin Books, Nueva York, 1991.

Trout, Jack (1996), *The New Positioning*, McGraw Hill. Greenwich, Connecticut.

Tzu, Sun (1999), *El arte de la guerra*, Panamericana Editorial, Bogotá.

www.ingramcontent.com/pod-product-compliance
Lightning Source LLC
Chambersburg PA
CBHW021405210526
45463CB00001B/231